es 1425
edition suhrkamp
Neue Folge Band 425

»Vor dreißig Jahren sagte einer, mich und meine Schreiberei betreffend: ›Gib's doch auf.‹ Dabei lächelte er freundlich.« Hermann Lenz hat sich jedoch durch diese Äußerung nicht entmutigen lassen und beharrlich seinen schriftstellerischen Weg verfolgt. Von diesem erzählte er in seinen Poetik-Vorlesungen im Sommersemester 1986 an der Johann-Wolfgang-Goethe-Universität in Frankfurt. Als »roten Faden« dieser Erzählung kann man drei Schichten unterscheiden, »die sich im geologischen Sinn überlagern, um dann und wann in einer sogenannten ›Verwerfung‹ gemischt zu werden. Es handelt sich dabei um die verschiedenen Erscheinungsformen der Zeit, von denen als erste die uns allen präsente Gegenwart zu nennen wäre, in der sich das Selbsterlebte ablagert wie in einem autobiographischen Roman. Der freilich wird von der historisch gewordenen Zeit bestimmt; denn wann beginnt die Gegenwart? Außerhalb der Zeit aber bewegt sich der Traum, der alle Zeitelemente einschmilzt, und als dritte Schicht zu bezeichnen wäre. Mit Hilfe der Phantasie ist es möglich, die Zeit zu überwinden, sie aufzulösen, das Vergangene zum Gegenwärtigen zu machen und umgekehrt ...« Fünf Portraits von Schriftstellerkollegen beschließen den vorliegenden Band.

Hermann Lenz
Leben und Schreiben

Frankfurter Vorlesungen

Suhrkamp

edition suhrkamp 1425
Neue Folge Band 425
Erste Auflage 1986

Erstausgabe

Satz: Glücker, Würzburg
Druck: Nomos Verlagsgesellschaft, Baden-Baden
Umschlagentwurf: Willy Fleckhaus
Printed in Germany

1 2 3 4 5 6 – 91 90 89 88 87 86

Leben und Schreiben

I. Vorlesung

Vor dreißig Jahren sagte einer, mich und meine Schreiberei betreffend: »Gib's doch auf.« Dabei lächelte er freundlich.

»Nein, nie«, antwortete ich ihm und war über mich selbst verwundert; denn damals hatte ich so gut (oder so schlecht) wie keinen Erfolg. Aber ich mußte schreiben.

Nun, allmählich weiß ich, was los ist. Und was das literarische Leben anlangt, so wird mir immer wieder dies und das hingerieben oder unter die Nas' gezwängt, zum Beispiel, ob ich mich verkannt fühle. Vielleicht versucht sogar der und jener, mich in eine bestimmte Richtung zu bugsieren, handle es sich dabei nun um Realismus, Radikalismus, Sozialismus, Kommunismus, Eskapismus oder gar Konservatismus. Das ist eine durchaus legitime Verhaltensweise, und einer wie ich denkt dabei: wie's halt so geht...

Allerdings kann einem durch derlei Hinweise manchmal eins ausgewischt werden. Dann bleibt dir nichts anderes übrig, als so zu tun, als ob nix wär. Und ich gedenke der verschiedenartigen Urteile über meine Arbeit, die mir, sozusagen mundfrisch, zu Ohren kamen. Von ihnen schrieb ich vor Jahrzehnten einige auf, und sie haben sich in der Zwischenzeit mehrmals wiederholt.

So ließ mich ein Kollege, der ernsthaft um mein literarisches Wohl und Wehe besorgt war, wissen, ich solle froh sein, daß ich keine Traumgeschichten mehr schreibe: »Denn wer nimmt sie Ihnen schon ab?« fügte er hinzu und hatte recht, während ein anderer die Meinung äußerte: »Du kannst sagen, was du willst, aber deine Traumgeschichten sind das Beste, was du bisher zustande gebracht hast.«

Dann hieß es, ich müsse blutvoller schreiben. Was ich bisher gemacht habe, das sei Komplexliteratur, doch widersprach dem ein vierter, der mir anvertraute: »Wenn Sie nicht diesen dämonischen – oder wie man's nennen will – Schimmer in Ihren Sachen hätten, dann wäre es nicht mehr als etwa das, was der XY macht.«

Später wurde mir über eines meiner Bücher mitgeteilt: »Das ist für mich zu hoffnungslos. So ist das Leben doch nun auch wieder nicht.« Bald darauf hörte ich: »Schriftsteller müssen das Leben hoffnungslos schildern, damit mir ihre Schreiberei gefällt. Ihr ›Hotel Memoria‹ ist großartig.« Doch ein unbestechlicher Kenner befand: »Daß Ihr ›Hotel Memoria‹ egozentrisch ist, das kann man wohl schon sagen.« Und ich fragte mich, ob ein anderer vielleicht doch recht habe, wenn er von mir behauptete, ich liebe das Morbide; denn brüchig ist ja so gut wie alles, sowohl im Leben als auch in der Kunst. Und ich erinnerte mich an eine Dame, die *Das doppelte Gesicht*, einen Band, der drei Erzählungen enthält, gelesen und eine Freundin gefragt hatte: »Was ist das für ein Mensch, der das geschrieben hat? Der ist doch dekadent.«

Schließlich erfuhr ich, daß es meinen Arbeiten an der gedanklichen Durchdringung mangele, obwohl man mich bald darauf wissen ließ: »Überhaupt scheint das Gedankliche in Ihren Arbeiten ein zu starkes Gewicht zu haben.«

Nachdem ich all dies angehört hatte, blieb ich im Unklaren darüber, nach wem ich mich richten sollte, und kam schließlich darauf, mir zu raten: Richte dich nach dir selbst.

Leider gehöre ich nicht zu denen, die kühnen Blicks ihres Weges ziehen und denen nichts etwas anhaben kann. Aber ich bemühe mich darum, alles – und speziell das Negative – aufzunehmen, um herauszubringen, was der

Kritiker will. Und zuweilen beschleicht mich heute noch das Gefühl, daß es mich und meine Bücher eigentlich nicht geben dürfte; denn mir kommt's ab und an so vor, als ob ich kein »Zeitgenosse« sei.

Oder bist du doch einer? Ein anderer vielleicht, denn schließlich lebst du im zwanzigsten Jahrhundert. Und was hilft's dir, wenn du manchmal zu dir sagst: Am liebsten wärest du ein Minnesänger geworden, allerdings ein wohlhabender, aber im 13. Jahrhundert? Nach vorwärts, also in die Zukunft, kann niemand die eigene Existenz projizieren, weil er schließlich nicht weiß, was kommt. Nach rückwärts ist's möglich, weil in der überlieferten Poesie jede Stimmung der Vergangenheit spürbar wird, und als Zeitgenosse von Walther, Gottfried und Wolfram wär's vielleicht gar nicht mal so schlecht gewesen.

Aber lassen wir das und wenden wir uns dem Begriff des »Zeitgenossen« zu.

Zu ihm gehört das, was man ein »zeitadäquates Bewußtsein« nennt, und ich wüßte gern, was man darunter versteht. Vielleicht begegne ich einmal einer Darstellung dieses Begriffs oder dieses Phänomens, falls ich so sagen darf, und mir erklärt ein scharfsinniger Kopf, was es damit auf sich hat. Bis heute konnte ich mir nur dann und wann eine Ahnung davon verschaffen, beispielsweise, wenn es galt, den Inhalt eines zeitgenössischen Theaterstücks aus einer Kritik herauszuschälen. Dann hatte ich ein Gefühl dessen, was man zeitadäquates Bewußtsein nennt.

Ist es eine Mischung von gesellschaftspolitischer Relevanz, Aufmüpfigkeit, Konsum-, Drogen-, Prestige-, Sex- und Revolutionsbereitschaft, oder eine Umschreibung dessen, was manchmal »die Probleme unserer Zeit verbalisieren« genannt wird? Dann müßte der Erzähler alles, was in der Zeitung steht, auf seine Weise noch einmal gegenwärtig machen, obwohl die Kollegen von der Zeitung dies weitaus präziser zustande bringen, allerdings nicht auf den Feuilleton-Seiten; denn ich meine, dafür seien – zumindest bei uns – die politischen Schriftsteller da, die auf den ersten Seiten zu Wort kommen.

Wir vom Feuilleton aber gelten doch sowieso als Träumer, und dies sollte uns recht sein. Und ich meine, so etwas wie »zeitadäquates Bewußtsein« sei eine Zusammenstellung von Wörtern, mit der vielleicht das früher geltende Wort »Lebensgefühl« ins Moderne übersetzt wird. »Zeitadäquat« könnte auch bedeuten, daß etwas existiert, das unseren heutigen Vorstellungen entspricht. Der Roman soll also »Wirklichkeit« widerspiegeln (womit wohl ganz einfach so etwas wie »das Leben« gemeint ist), damit beim Lesen von logisch oder alogisch aneinandergereihten Sätzen, die Bilder, Empfindungen und Redeweisen suggerieren, ein Zusammenhang fühl- oder erkennbar wird. Und dieser Zusammenhang soll möglichst vielen, ja am Ende gar allen Menschen als »objektive Wirklichkeit« erscheinen. Ist mit »objektiver Wirklichkeit« auch die Wirklichkeit der Träume gemeint, weil jeder Autor nur ein Spiegelbild dessen darstellt, was er für »wirklich« hält?

Jede Erzählung spielt in irgendeiner Zeit, und vielleicht gibt es auch so etwas wie »Gegenwart«. Ich überlege mir die nächste Zeile, sie ist im Kopf umrißhaft fertig, verfestigt sich beim Schreiben und wird Vergangenheit. Und weil jeder Erzähler nur Vergangenes berichten kann, benützt er das Imperfekt wie Thomas Mann, dieser »raunende Beschwörer des Imperfekts«, der auch eine Novelle im Präsens geschrieben hat.

Wer ihn erwähnt, verschanzt sich nicht mehr hinter einem Beachtenswürdigen, weil Thomas Mann in unseren

Tagen von vielen, die über ein zeitadäquates Bewußtsein verfügen, nicht anerkannt wird, sei's um gewisser Rivalitätsgefühle willen, sei's aus poetologischen Gründen. Die karikaturistischen und parodistischen Elemente seiner Arbeiten gelten gerade noch als zeitadäquat, während seine vielschichtige Darstellungsweise für veraltet gehalten wird.

Was aber ist ein »zeitadäquates Bewußtsein«? und wer bringt es dem Leser nahe? Wahrscheinlich die Bestsellerautoren, weil sich mit ihren Wirklichkeitsspiegelbildern viele identifizieren können und »Wirklichkeit« und »zeitadäquates Bewußtsein« Gefühle sind, die jeder in sich hat oder – wie manche Literaturbeobachter meinen – in sich haben sollte. Man redet von »Zeitgenossenschaft« und sagt, die oder der sei eine Zeitgenossin oder ein Zeitgenosse, während diese und jener keine Zeitgenossen seien, obwohl sie alle in der Gegenwart leben.

Kurioser Sachverhalt. Und wiederum erinnere ich mich des steilen Gebots, jeder Autor habe »die Wirklichkeit« darzustellen. Wessen Wirklichkeit? frage ich mich dann und denke an die Milliarden anderer Menschen, von denen jeder eine andere »Wirklichkeit« vor Augen oder im Kopfe hat. Vielleicht aber geht es darum, im Roman das zu verwirklichen, was 1845 Gabriel Désiré Laverdant forderte, als er von der Kunst als »Ausdruck der Gesellschaft« schrieb und verlangte, sie habe »mit brutalem Pinsel« alle Brutalitäten, alle Schmutzigkeiten, die auf dem Grunde unserer Gesellschaft vorhanden sind, zu offenbaren. Und ich frage mich, ob beispielsweise Karl Gutzkow, der von 1811 bis 1878 lebte, diese Schrift seines Zeitgenossen Laverdant kannte und ihre Forderungen zu erfüllen bemüht war. Schließlich trat Gutzkow für allerlei Freiheiten wie »Die Rehabilitation des Fleisches«, die Emanzipation der Frau, die Reform der Ehe, die Freiheit des Glaubens und so weiter ein; denn zum Romancier gehört auch heute wieder ein ideologisches Rüstzeug, oder wie man derlei nennen will.

Ich kann Ihnen von alledem so gut wie nichts bieten, weil ich nur ein Erzähler bin. Irgendwelche Theoreme oder Theorien dürfen Sie, wie bereits vermerkt, von mir nicht erwarten, weil ich mich nicht programmatisch äußern kann.

Was aber das betrifft, was man gemeinhin einen »roten Faden«, einen »durchgehenden Gedanken« oder gar einen »Aufhänger« (ein saloppes Wort) zu nennen liebt, so hoffe ich, daß Sie in diesen Aufzeichnungen, aus denen ich Ihnen vorlese, wie in meinen Büchern drei Schichten feststellen können, die sich im geologischen Sinn überlagern, um dann und wann in einer sogenannten »Verwerfung« gemischt zu werden.

Es handelt sich dabei um die verschiedenen Erscheinungsformen der Zeit, von denen als erste die uns allen präsente Gegenwart zu nennen wäre, in der sich das Selbsterlebte ablagert wie in einem autobiographischen Roman.

Der freilich wird von der bereits historisch gewordenen Zeit bestimmt; denn wann beginnt die Gegenwart? Doch wohl mit dem Geburtstag, also bei mir am 26. Februar 1913, einem längst tief historisch gewordenen Tag, hinweggeschwemmt vom Zeitenfluß, aber noch gegenwärtig in mir selbst, als Mensch oder Figur, wie Sie wollen. Ich aber bin, wie jedes Lebewesen, nicht ohne Vater und Mutter, also nicht ohne Vergangenheit, denkbar, wie ein Stuhl oder jeder andere Gegenstand, der ohne den nicht existiert, der ihn gemacht hat. Weshalb die Vergangenheit in alles hineinreicht und ohne Vergangenheit, die sich als Erfahrung manifestiert, nichts existiert. Dazu kommen die in jeder Familie überlieferten Geschichten, die Vater und Mutter erzählen, weshalb die Historie bis zu den Groß- und Urgroßeltern lebendig bleibt. Wobei daran erinnert werden darf, daß Geschichte nichts anderes ist als das Geschichtete, das Abgelagerte, von dem uns die Erdgeschichte ein deutliches Bild vor Augen stellt.

Außerhalb der Zeit aber bewegt sich der Traum, der alle Zeitelemente einschmilzt, und als dritte Schicht zu bezeichnen wäre. Mit Hilfe der Phantasie ist es möglich, die Zeit zu überwinden, sie aufzulösen, das Vergangene zum Gegenwärtigen zu machen und umgekehrt. Und wie du das Vergangene und das Gegenwärtige in deinen Niederschriften festhalten kannst (freilich nur so, wie es dir erscheint), ist es möglich, durch die Phantasie in einen Raum einzudringen, wo alle Erscheinungsformen der Zeit gleichzeitig gegenwärtig sind.

Ich kann Ihnen hier nur ein paar Nachrichten vom Leben und Schreiben dessen vermitteln, der sich seine Erfahrungen bewußt machen will und zu sich selber sagt: Vielleicht findest du einmal jemand, der manches so sieht wie du.

An einem regnerischen Tag – um genau zu sein: am 8. April 1922 – schrieb ich mit Bleistift in Künzelsau, einer Oberamtsstadt in Hohenlohe-Franken, folgendes auf ein liniertes, inzwischen vergilbtes Blatt:

»Eines Abends, als meine Eltern am Tische saßen und batschten, da sagte mein Vater: hole mir meinen Tabaksbeutel. Ich tat, was mein Vater mir sagte. Dann stopfte er seine Pfeife. Als er damit fertig war, sagte er: und ich will jetzt eine – und dann schrieen wir was wir konnten: Feife schmauchen. Meine Eltern huben sich die Ohren zu. Als wir ausgeschrieen hatten, sagte mein Vater: Du bist ganz rot geworden. Da mußten wir alle lachen.«

Auf der Rückseite des Blattes ist, ebenfalls von meiner Hand, vermerkt: »Beim Schulspielen an einem Regentag Hermann.«

Als Lehrerin fungierte meine Mutter. Sie versah mein Skriptum mit »sgt«, was »sehr gut« bedeutete, obwohl mir zwei Nachlässigkeiten, die Interpunktion betreffend, sowie ein falsches Imperfekt untergekommen waren. In der Schule – ich war damals neun Jahre alt – reichte es bei mir nie zu einer derart spektakulären Note, weil ich, außer Dienst, wenn ich so sagen darf, so gut wie nichts las und schrieb, statt dessen aber in den Gassen der Stadt herumstreunte.

Ich war – um mich wiederum der Genauigkeit zu befleißigen, denn die Zeugnisse haben sich erhalten – der 6. bis 8. unter 29 Schülern und meine, das sei gar nicht mal so schlecht gewesen.

Was aber mein Skriptum betrifft, diese Niederschrift aus dem Familienleben eines Sohnes der mittleren Schicht (der Vater war Zeichenlehrer an einem Lehrerseminar – heute sagt man dafür Kunsterzieher, obwohl niemand zur Kunst erzogen werden kann), so meine ich, sei's vielleicht instruktiv, es germanistisch streng, aber gerecht unter die Lupe zu nehmen. Sie, meine verehrten Zuhörer, können dies zwar besser als ich, der sich um Germanistik nur nebenbei und ohne Examensabschluß bemühte. Aber es macht nichts.

Jedenfalls fällt auf, daß der Verfasser bereits in der zweiten Zeile sich eines lediglich im schwäbischen Lebensbezirk des heutigen Landes Baden-Württemberg heimischen Ausdrucks, und zwar des Wortes »batschen« mit langem a, bediente, was soviel wie schwatzen oder durcheinanderreden bedeutet. Die Aufnahme dieses Dialektwortes in einen hochdeutschen Text wäre ihm jedenfalls 1922 von jedem gewissenhaften Lehrer als Fehler angekreidet worden, wie ihm nach 1966, als sein Roman *Verlassene Zimmer* erschienen war, von manchen Kritikern dann und wann die Einsprengsel schwäbischer Mundart gnädig oder herablassend »unter die Nas' gezwängt« wurden, wie Mörikes Tochter Fanny zu sagen pflegte. Aber nachdem Martin Walser in seinen späteren Romanen sich dieselbe Freiheit herausgenommen hatte, wurde mein zuvor belächeltes Tun im nachhinein stillschweigend abgesegnet, falls ich so sagen darf.

Um aber wieder auf jenen jugendlichen Verfasser vom 8. April 1922 zurückzukommen, so muß angemerkt werden, daß derselbe schon damals das Persönliche und Private darstellte und sich um die Vermittlung einer Atmosphäre bemühte, wie er sich dies auch später dann und wann angelegen sein ließ. Nebenbei sei vermerkt, daß er sogar norddeutsche Anklänge berücksichtigte, indem er statt »Pfeife« die vornehme Form »Feife« in seinen Text einbrachte, weil sein Vater dieselbe öfters gebrauchte.

Doch all dies muß gründlicheren Forschungen von berufener Hand vorbehalten bleiben. Vorwegnehmen will ich da nichts und überlasse alles Weitere jenen Meistern der Fachwissenschaft, die meine Bemühungen einer sachkundigen Untersuchung würdigen wollen, falls sie dazu Lust verspüren oder die Absicht haben, ihren Doktorgrad an Hand meiner Sätze zu erwerben. Pflegte doch Hermann Kasack mir gegenüber zu äußern: »Sie müssen Bücher schreiben, damit Studenten Doktorarbeiten machen können«; denn wir sind alle aufeinander angewiesen.

Als Kind gehörten Lesen und Schreiben zur Schularbeit, also zu einem Dienst, den ich lustlos abzuleisten pflegte. Am liebsten wär' ich ihm ausgewichen. *Rulaman* und *Robinson* waren die Bücher, die ich damals neben einem Naturgeschichtsbuch meines Vaters las, denn Beschreibungen von Tieren und Pflanzen erschienen mir, übrigens zusammen mit Grimms Märchen, als etwas Außergewöhnliches.

Trotzdem lockten die Bücher. Wenn ich mit den Eltern

und meiner Schwester sonntags spazierenging, holte ich Blumen von den Hängen des Kochertals und gab sie meiner Schwester, die sagte: »Dafür kriegst du alles, was im Bücherschrank drin ist.«

So holte ich mir Stifter und Shakespeare und legte sie in mein Pult. Lesen freilich tat ich sie nicht. Die Bücher zogen mich an, und das Schreiben machte mir Freude; weshalb ich mir an verregneten Feiertagen auf dem Dachboden unseres 1711 erbauten Hauses aus zwei Waschböcken und einem Reißbrett einen Schreibtisch zusammenbaute und Briefe an meinen Freund Gustav schrieb, der meine Schwester war. Bücher meines Vaters schichtete ich um mich auf, von denen eines *Leitfaden der Pädagogik* hieß; denn, immerhin, ich las die Titel der Bücher.

Dies änderte sich erst in Stuttgart, nachdem ich zur Konfirmation Mörikes Werke bekommen hatte. Zunächst freilich zögerte ich auch hier noch. Aber mir gefielen die goldbepreßten Lederrücken der vier Bände, und nach ein paar Monaten schaute ich in sie hinein.

Mich erfreuten zunächst die Gedichte. Die saugten mich sozusagen an, und bald las ich nur Mörike. Verschaffte mir auch in Reclam-Ausgaben Übersetzungen von Catulls, Anakreons und Theokrits Versen, weil Mörike sie studiert hatte. Seine Briefe las ich, als wären sie an mich geschrieben worden, und ich meine, nun, da in der historisch-kritischen Gesamtausgabe von Mörikes Werken zwei Briefbände erschienen sind, es lohne sich, einmal nur Mörikes Briefe zu lesen, in denen das Persönliche und Private ebenso lebendig wird wie das Allgemeine. Und es kommt mir – Sie werden lächeln – wenig verschieden von allem Heutigen vor. Immerhin, wenn Sie das Technische weglassen, die Errungenschaften der Industrie vergessen zugunsten eines Wintermorgens vor Sonnenaufgang und wie der auf Sie wirkt, dann kommen Sie zu sich selbst.

Dies nur als Beispiel. Wobei ich mir anzumerken erlaube, daß die Empfindungen und Gefühle immer noch aktuell sind wie das Gras und das Bachwasser, das uns, des sauren Regens zum Trotz, hoffentlich überleben wird. Am Waldrand zu liegen, den Rucksack im Nacken, das lohnt sich immer noch. Und Sie wiederholen bei sich die Strophen: »Am Waldsaum kann ich lange Nachmittage / Dem Kukkuck horchend, in dem Grase liegen.«

Und so weiter. Die Welt reinigt sich in Mörikes Versen auch heute noch wie damals, als ich sechzehn Jahre jung war und für »ein bißchen g'spässig«, also für seltsam, galt. Ja, das stimmte schon, ich ließ mir Zeit und wartete ab als ein junger Mann, der sich etwas vorstellt, das es nicht gibt. Es war noch weit bis zu jenem Aufsatz, den ich 1982 für eine Reprint-Ausgabe der ersten Auflage von Mörikes Gedichten schrieb. Um 1930 las ich außer Mörike auch Ludwig Tiecks Novellen *Wunderlichkeiten* und *Des Lebens Überfluß* nur, weil in Mörikes Briefen der Name Tieck vorkommt, übrigens wie Oliver Goldsmiths *Der Landprediger von Wakefield*, den ich mir ebenfalls von der ersten bis zur letzten Zeile zu Gemüte führte. Als scharfsinniger Literaturkenner ging ich damals nicht zu Werk. Und bis heute habe ich mir die Fähigkeiten für ein solches Amt nicht erwerben können. Allerdings strebte ich so etwas auch nicht an.

Mir war's unmöglich, Mörike als »Nachklassiker« oder »Nachromantiker« einzuordnen, auch hatte ich damals kein distanziertes Verhältnis zur Literatur. Bestimmt wurde dies durch das Gefühl für innere Zustände und für Situationen, die ich gerne miterlebt hätte. Solche kämpferischer Natur waren nicht darunter, obwohl mir die hochgespannte Empfindsamkeit des *Maler Nolten* vertraut erschien. Allerdings hatte ich das Gefühl, es sei unmöglich, heutzutage mit einer derart verfeinerten Reaktionsfähigkeit, wie Mörike sie in seinem Roman darstellt, bestehen zu können. Weshalb es angebracht erschien, mir nichts davon anmerken zu lassen und mich, so gut es ging, als ein nach allen Seiten freundliches Gemüt zu erweisen. Es fiel mir nicht schwer, weil fast alle, die mit mir zur Schule gingen, an politischen Auseinandersetzungen nicht interessiert waren. Und als ein Lehrer sagte: »Es heißt oft, die deutsche Jugend sei völkisch gesinnt. Wie denken Sie darüber?« stand einer auf, drehte sich halb zur Klasse um und sagte: »Von denen wissen doch die wenigsten, was ›völkisch‹ ist.«

Das stimmte. Ich wußte es auch nicht, bekam aber davon eine Ahnung, als einer meiner Mitschüler zu mir sagte: »Du bist beim Volksverband der Bücherfreunde. Das ist eine jüdische Gründung, die den deutschen Buchhandel kaputt macht.« Es handelte sich um einen Lesering oder eine Buchgemeinschaft, wie man heute sagen würde.

Verbergen ließ sich das Interesse für Literatur also nicht. Auch, daß ich Gedichte machte, sprach sich herum. – »Du bist zu empfindlich«, sagte man zu mir, und der Rektor unseres Gymnasiums, der uns in Latein unterrichtete, ließ mich vor allen anderen wissen: »Sie sind sich zu weich«, womit er recht hatte; denn, immerhin, es war die Zeit der harten Herzen und der wahrscheinlich noch härteren Männer.

Mein Nebensitzer sagte in einer Pause zu mir: »Mach ein Gedicht.« Ich lachte, besann mich aber und schrieb einige Verse in schwäbischem Dialekt, bloß so des Gaudiums wegen:

's Dörfle leit em Sonneschei,
Em Gläsle stoht dr Täleswei',

Dr' Beck hockt vor sei'm Lädle.
Om älle wackliche Kamee
Fliagt om dia Dächer wonderfei'
Dr' goldich Rauch en d' Sonne nei.

Ziemlich idyllisch, was? Anno 1930, als es geschrieben wurde, galt dieses Gedicht, zumindest in jener bürgerlichen Sphäre, der ich und mein Nebensitzer angehörten, keineswegs als Verfehlung wider den heiligen Zeitgeist. Spektakuläre Leistung war's aber schon damals keine, obwohl es mein Schulfreund mit nach Hause nahm und aufhob. Fünfzig Jahre später schrieb er mir, daß er's verloren habe, und, falls ich mich seiner noch entsänne, solle ich's doch zum zweitenmal aufschreiben und ihm schicken. Ich tat's, und er schrieb mir, inzwischen habe er meine erste Niederschrift wiedergefunden.

Sie sehen, ich hatte also schon als Sechzehnjähriger *einen* Leser, der derselben Generation wie ich angehörte. Insgesamt war er der dritte, weil der erste mein Vater war, für den ich 1929 als Weihnachtsgeschenk mein Gedicht »Der Türmer« mit Tusche in gotischer Druckschrift abgeschrieben hatte. Ihm ist der Deutschlehrer des Lehrerseminars in Künzelsau gefolgt, der Doktor Römer hieß und einen geräumigen Urväter-Schreibtisch hatte, über dem seine lange Tabakspfeife hing. Ihm widmete ich ein Erzählgedicht, wie man heute sagt, das in Trochäen abgefaßt war. Er selbst kam darin vor, und ich zeichnete aus der Erinnerung seinen Glatzkopf mit zwei Nackenwülsten mittlerer Größe hinzu. Das Versmaß hatte ich bei Victor von Scheffels *Trompeter von Säckingen* gelernt.

In der Sommervakanz vor dem Abitur, als ich allein zu Hause war, während meine Eltern mit der Schwester in Berchtesgaden Ferien machten, las ich vormittags im Garten mehrere Novellen von Stifter, eine Lektüre, die für meine Schreibarbeit bis zum heutigen Tage nicht ohne Folgen geblieben zu sein scheint; denn Stifters Einfluß wies mir erst kürzlich ein junger Mann in einem sorgfältigen Aufsatz nach. Er spürte mehreres auf, von dem ich wußte, und machte mich mit Verbindungen bekannt, die mir bis dato verborgen geblieben waren. So zum Beispiel in einem Satz, der das Wort »Nachsommer« enthielt. Verständlicherweise tippte er dabei auf Stifters Roman, während ich nur die Jahreszeit im Sinne gehabt hatte. Oder er brachte das Schloß Rosenhof, das in meiner Erzählung *Erinnerung an Eduard* vorkommt, mit Stifters Rosenhaus in Verbindung. Ich aber hatte an das Schloß Rosenhof bei Freistadt in Oberösterreich gedacht, an dem ich mit dem Rucksack vorbeigegangen war.

Übrigens schrieb ich als Schüler auch eine Erzählung, in der ein Vikar mit einer Türmerfamilie befreundet ist. Alle zusammen – die Kinder des Türmers sind auch dabei – fahren mit der Kutsche nach Cleversulzbach, und der Vikar besucht Mörike, der freilich nur als Mensch auftritt und nicht als Amtsgenosse jenes Vikars. Eine andere Geschichte erzählt von einem Schulmeister, der im Turm eines Schlosses wohnt und stirbt; denn mir hatten's schon damals die Türme angetan.

Und so weiter. Ja, alles, was ich geschrieben habe, ist miteinander verbunden wie ein Gespinst. Es verweben sich die Erzählfäden zu verschiedenartigen Mustern, und manchmal tauchen darin ähnliche Farben auf.

Die Geschichten, die ich als Schüler schrieb, sind durchsetzt mit Naturbeschreibungen. Die Natur war schon damals für mich wichtig. Ich lag auf der Wiese unterm Apfelbaum des Künzelsauer Gartens und las im Naturgeschichtsbuch meines Vaters, das für mich viel interessanter war als die Geschichten im Lesebuch, aus denen man etwas lernen sollte, halt so etwas Moralisches. Das Naturgeschichtsbuch aber schrieb mir nicht vor, wie ich mich brav verhalten sollte, auch las ich es ja sozusagen außer Dienst und dachte: Naturwissenschaft studieren wär' eigentlich nicht schlecht.

Frühlingswiesen kamen in meinen Geschichten vor, auf denen viel Wiesenschaumkraut blühte, das heute nur noch selten anzutreffen ist, wahrscheinlich weil man's mit Chemie ausrottet wie den Sauerampfer. Auch war in den Geschichten so etwas wie »Klassenkampf« nicht nachweisbar.

In der Schule wurde später die Geschichte *Der Bajazzo* von Thomas Mann vorgelesen, und mir gefiel daran die Darstellung der alten Stadt und der elterlichen Villa des Erzählers, der von sich berichtet, daß er nur herumgeht und sich umschaut, eine junge Dame beobachtet, die zu Pferd sitzt. Mit ihr verbindet ihn eine gewisse Sympathie, doch ereignet sich nichts. Er hat Geld, um seine Zukunft braucht er nicht besorgt zu sein. Mir gefiel die Stimmung der Geschichte, unser Lehrer aber sagte, für Thomas Mann sei ein gewisses müdes Ausweichen vor dem Leben charakteristisch.

Da reckte das Moralische also wieder mal seinen Zeigefinger, was ich nicht mochte. Es wird dir etwas weisgemacht. Wenn einer kein Geld zu verdienen braucht, kann er doch bloß froh sein (leider bist du nicht in dieser Lage), aber die anderen sind auf ihn neidisch, dachte ich.

Dies war eine meiner ersten Erfahrungen, die mir durch die Literatur zukamen. Doch die Literatur wurde von allen ehrbaren Menschen höchstens als Schmuck geduldet und galt für etwas Nebensächliches.

Infiziert oder berührt von Thomas Manns Schreibweise, wenn ich so sagen darf, wurde ich später an der Universität mit Hofmannsthal bekannt, dessen frühe Prosa damals im Schaufenster lag. Ich kaufte mir den Band *Loris* und lernte durch ihn wiederum eine Empfindungs- und Darstellungsweise kennen, die mich in meinen Vorstellungen von Literatur bestärkte. Allerdings kam ich mir daneben recht zurückgeblieben und gutmütig schwäbisch vor, dachte aber, das sei au net schlecht und galt, meiner dekadenten literarischen Neigungen wegen, unter meinen Kommilitonen für einen Ästheten.

Wie Sie sich aus der Lektüre historischer Darstellungen erinnern werden, tauchten damals überall braun uniformierte Männer auf, zogen singend durch die Straßen und lieferten sich blutige Kämpfe.

Ob es verwunderlich ist, daß ich mir damals die ersten Bücher Thomas Manns kaufte und mehrmals las? Und wie kommt einer durch eine Epoche, deren Machthaber er ablehnt, um nicht zu sagen, daß er sie haßt? Und wie verhält es sich mit dem sogenannten Zeitgeist, dieser vagen Durchschnittsempfindung, der sich die meisten überlassen, auch ohne es zu wissen?

Die Machthaber müßten beseitigt werden, aber er, der Alleinstehende (nämlich ich), kann sie nicht beseitigen; eher wird er von den Machthabern beseitigt, ohne daß er sich wehren kann. Und das, was man gemeinhin »Zeitgeist« nennt, ist vielfältig, übrigens zu allen Zeiten. Aber in jeder Zeit herrscht eine Grundstimmung wie ein Geruch, der alles durchdringt und den meisten angenehm durch die Nase geht. Wobei das Wort »Nase« als Sinnbild für so etwas wie Witterungsvermögen gebraucht wird.

Das Bewußtsein, das sich damals allgemein verbreitete, hieß Judenfeindschaft und Blut- und Bodengeruch, eine reichlich undifferenzierte Grundstimmung. Sie erschien mir widerlich, weshalb es darauf ankam, sich von ihr abzuwenden, so gut es ging. Dies gelang nur im ideellen oder imaginativen Sinn, wobei ich unter »ideell« und »imaginativ« die Sphäre des Unbewußten verstehe, die jeden Menschen bestimmt, unter den anderen nach denen zu suchen, mit denen er sich versteht und vor denen er offen reden kann.

Im Januar 1933 erinnerte ich mich an die Geschichte *Der Bajazzo* von Thomas Mann, die in der Schule vorgelesen worden war, und kaufte mir den Band, der sie enthielt. Es war nur eine Stimmung, etwas »Verfeinertes«, wie ich damals dachte, das mich anzog und festhielt.

Ich holte mir alle Bücher von Thomas Mann, die verhältnismäßig billig zu bekommen waren, wie *Tonio Kröger*, *Herr und Hund*, *Unordnung und frühes Leid*, *Der Tod in Venedig* und *Mario und der Zauberer*, glich das Loch, das sie in meinen Geldbeutel gebohrt hatten, durch Hungern aus und erhielt von den Studiengenossen, mit denen ich zu Tübingen beim Mittagessen saß, die naserümpfende Abfuhr, die mir, meiner »dekadenten« Vorliebe wegen, zukam, doch war's für mich nicht verwunderlich.

Jedenfalls durften sich alle anderen in ihren politischen Vorstellungen bestätigt fühlen, während ich als Sonderling nebendraußen stand; denn, immerhin, man schrieb den 24. Februar 1933, als ich mir *Mario und der Zauberer* gekauft hatte, eine Geschichte, in der ein gewissenloser Hypnotiseur von seinem gedemütigten Opfer erschossen wird. Hitler freilich wurde nicht erschossen.

In meinem Roman *Andere Tage* habe ich die Zeit um 1933 aus dem Blickwinkel einer erfundenen Figur, des Eugen Rapp, dargestellt. Dieser Eugen Rapp vertritt mich sozusagen im Roman, er kommt statt meiner darin vor und hat auch Züge meiner Person in sich aufgenommen. Ob er aber mir gleich sei, das mögen andere entscheiden, die über mich besser Bescheid wissen als ich selbst.

Wie viele und welche meiner Eigenschaften aber habe ich verschwiegen? Auch dies werden andere schärfer beurteilen als ich, obwohl ich mich im Buch um Ehrlichkeit bemühte und Eugen Rapp nicht als fleckenlosen Helden und strahlende Lichtgestalt habe auftreten lassen. Meiner Meinung nach ist der genauso fehlerhaft wie alle andern, obwohl sicherlich der und jener oder diese und jene noch manche Schattenseite meines Ichs kennen, die mir entgangen zu sein scheint oder die ich, um nicht allzu schlecht wegzukommen, verschwiegen habe.

Eine Einheit von lebender Person und Romanfigur dürfte weder von einem Autor erreicht noch angestrebt werden. Nur Annäherungswerte sind möglich, und außerdem kommt es auch nicht so genau darauf an. Ein Roman ist ein Spielzeug für Leser, die ihre Erfahrungen in die Wörter des Autors projizieren, falls ihnen dies möglich ist; denn jedes Buch lebt nur durch den Leser und im Leser. Was der Autor sich beim Schreiben gedacht hat, mag vielleicht den und jenen interessieren, aber wichtig ist seine Meinung nicht. Man könnte fast sagen, sie sei bedeutungslos, zumindest neben den Äußerungen der Kritiker und der Literaturhistoriker.

Aber vielleicht sollte mein Aufsatz *Student vor 33*, der im *Merkur* erschienen ist, mit den entsprechenden Stellen in *Andere Tage* verglichen werden, doch befürchten Sie, bitte, nicht, daß ich Ihnen ein Beispiel vergleichender Interpretationskunst vorführe, denn all dies können Sie besser. Ich meine nur, im Buch seien die Ereignisse nicht kontinuierlich wiedergegeben, weil alles aus dem Blickwinkel der Schwester des Eugen Rapp dargestellt wird und diese Schwester auf die Mitteilungen ihres Bruders angewiesen ist. Sie muß sich das Vergangene auf ihre Weise rekonstruieren.

So wird die Erzählung im Roman durch Brechungen ironischer und sarkastischer Art bestimmt, denn Margret Rapp sieht ihren Bruder mit kritischem Blick. Es kommt ein retardierendes Element ins Spiel, weil Eugens Schwester weniger von Eugens Erlebnissen weiß als er selbst. Und der Autor hat sich bei der Niederschrift immer wieder ermahnt: werde nicht weitschweifig. Konnte er wissen, daß hernach dann und wann der Wunsch laut würde, er möge alles bis in jede Winzigkeit mitteilen. Abgesehen davon, daß er, falls er so etwas versucht hätte, bis heute über die Beschreibung sagen wir mal: einer Stunde, nicht hinausgekommen wäre. Und der verkürzende Blickwinkel der Schwester wurde gewählt, um Distanz zu gewinnen. Mehr durfte nicht möglich sein, denn alles streng, aber gerecht und mit glasklarer Objektivität, dieser anderen Form von Subjektivität, beurteilen zu wollen, steht mir weder zu, noch habe ich es je beabsichtigt. Und wenn Sie als kühle Beobachter dabeigestanden wären, als sich Eugen Rapp um etwas bemühte, das man vielleicht Lebenspraxis nennen könnte, dann wäre wieder etwas anderes dabei herausgekommen.

Wer aber hat recht? Ich nehme an: sowohl Sie als auch ich und Eugen Rapp.

II. Vorlesung

Die Operation und die langwierige, heilende Wunde am Hals gaben mir 1934 ein halbes Jahr Zeit, um zu mir selbst zu kommen. Freilich wußte ich längst, was ich wollte, schwieg aber vor den anderen darüber.

Ich saß in der Dachstube und probierte Gedichte. Mir schien's, als sei ich endlich aus dem Zustand des »Schweblers«, wie Grillparzer zu sagen pflegte, befreit worden und hätte gemerkt, daß es in der Lyrik auf konkrete Bilder ankommt. Ich lernte Georg von der Vring kennen, dem ich aber nicht verriet, daß ich Gedichte machte. Er sagte eines Nachmittags zu mir: »Es kann doch nicht sein, daß Sie sich für Lyrik interessieren, ohne selbst sowas zu probieren. Zeigen Sie mir mal was.«

Ich tat's und legte ihm unter anderen mein Gedicht *Das Blatt* vor, das nicht gerade von hochfahrendem Selbstgefühl zeugt und das so geht:

In ein gerolltes Weinblatt möcht' ich kriechen,
Sein mürbes Sterben knistern hören, um
In Spinnenfasern lässig hinzusiechen
Bei einer Wespe brüchigem Gebrumm.

Der rote Schimmer dieser dünnen Hülle
Erglühte im Oktober tierfellwarm.
Es flüsterte der Wind wie späte Grille,
Verwirrte launisch einen Mückenschwarm.

Ich summte dort und schaute auf das Rechte:
Wie zittrig und verstört die Spinne näht
Und wie im zart verästeten Geflechte
Der Blätteradern schon kein Saft mehr gibt.

Ganz nett, wie? Die Verse wurden mehrmals zitiert und als charakteristisch für meine introvertierte Veranlagung empfunden.

Georg von der Vring gefiel das Gedicht. Er sagte »tierfellwarm«, das sei gut, da spüre man das warme Fell, und er rieb Daumen und Zeigefinger aneinander. Na schön, dachte ich, aber mit deiner Prosa schaut's mies aus. Es kam mir so vor, als sei's mühsamer, stichhaltige Prosa zu machen als passable Lyrik, und ich versuchte dorthin zu kommen, wohin ich meinte, daß es lohnend sei, sich auf den Weg zu machen. Aber ich ahnte lediglich die Richtung, hatte halt so ein Gefühl. Mehr war nicht zu ergründen, aber so ist's ja bei jedem, der etwas machen will. Oder wissen die mehr, die sich einen Plan machen? Ich hatte keinen Plan, weder was mein Leben noch was mein Schreiben betraf.

Vring schickte mehrere meiner Gedichte an Heinrich Ellermann nach Hamburg, und mir wurde in Aussicht gestellt, daß zehn meiner Gedichte gedruckt und in der Reihe »Die Jungen« erscheinen würden.

Dies dauerte einige Zeit, und ich dachte: alles leerer Nebel. Die machen das nie. Ich schrieb meine immer noch halbgare Prosa, hatte aber schließlich bei einer Geschichte das Gefühl: eigentlich nicht schlecht.

Abtippen konnte ich sie nicht, weil ich keine Schreibmaschine hatte. Also lieh ich mir in einem Geschäft eine aus, und ein junger Mann trug sie mir unters Dach hinauf. Ich versuchte, darauf zu schreiben, aber die Tippfehler vermehrten sich, statt weniger zu werden. Und also entsann ich mich der Tochter eines Kollegen meines Vaters. Das Mädchen war Sekretärin. Seit vier Jahren hatte ich sie nicht wiedergesehen. Meine Schwester telefonierte mit ihr, ich traf sie am Schloßplatz und trank mit ihr Kaffee, den sie sich nicht bezahlen ließ. Dabei sagte sie, ich sei ja immer etwas sonderbar gewesen und hätte beispielsweise nichts übrig gehabt für den Sport. Aber der Sport... Und sie reckte den Arm. Dann fügte sie hinzu, es gebe sogar heutzutage noch Leute, die gegen die Partei seien.

»Ich bin es auch«, sagte ich später zu ihr. Als sie in meine Dachstube eintrat, deutete sie auf das Bild über meinem Schreibtisch und ließ mich wissen, es gefalle ihr nicht, denn sie wolle Bilder mit dicken Strichen und kraftvollen Farben. Sie ballte die Faust. Dabei war sie schmalgliederig, zierlich und dunkelhaarig.

Vor der Schreibmaschine wollte sie bequem sitzen. Ich brachte ihr ein Kissen. – »Und so mitten im Zimmer sitzen wie auf einer Insel, das will ich auch nicht.« Also schob ich den Tisch ans Fenster. Jetzt saß sie mir näher. Es verwunderte mich, daß sie nicht weiter weg sitzen wollte. Aber vielleicht will sie dich hervorlocken, wie?

Dann verlangte sie noch einen Pappedeckel als »Walzenschoner«. Ich brachte ihn herbei, dachte: so ein bißchen hopfen lassen will sie dich auch... und sie begann zu tippen, was ich ihr diktierte.

Die erste Geschichte gefiel ihr. Und rasch fügte sie hinzu: »Aber werde jetzt ja nicht eingebildet! Ich habe so etwas schon oft gelesen.« Bei der zweiten sagte sie: »Ich kann damit nichts anfangen«, und ich schlug ihr vor: »Also hörst du mit Tippen auf.« Aber dann wollte sie doch weitermachen, und ich dachte wieder einmal: wer kommt aus den Frauen draus?

Nach einer halben Stunde machten wir Schluß. Sie ging voraus, und ich traf sie vor der Küchentür, wo sie mit meiner Mutter redete. Als ich dazukam, schwiegen beide. Zu mir aber sagte meine Mutter: »Du sollst an dich glauben.«

Leichter gesagt als getan. Zehn Exemplare meiner zehn

Gedichte, die Heinrich Ellermann in Hamburg gedruckt hatte, lagen zwei Monate später in einem meiner Schuhe vor der Zimmertür in Heidelberg. Doch weil es schon vor einem Jahr geheißen hatte, die würden gedruckt, überraschten mich die dünnen grauen Hefte nicht. Und ich glaubte, diese Gedichte seien damals unbeachtet geblieben, bis mir 1981 ein Universitätslehrer eine Literaturgeschichte von 1937 oder 38 zeigte. Darin waren sie positiv beurteilt worden, und ich dachte wieder einmal: kurios ...

Inzwischen sind sie immerhin zu einer bibliophilen Seltenheit geworden. Ansonsten wird ihrer eher verlegen als so etwas »Bukolischem« gedacht, und das hat auch seine Berechtigung, gewissermaßen.

Sie werden lachen, aber damals beschrieb ich meine studentische Existenz in Heidelberg mit gemäßigter Ironie, 1935 hatte ich Schnitzler entdeckt, einen verbotenen Autor, dessen Bücher in den »Giftschrank« gewandert waren. Ich bekam sie über eine jüdische Buchhandlung in Stuttgart, wo ich schon immer wieder mal was mitgenommen hatte. Und in München zerriß ein Jahr später ein junger Buchhändler einen Gedichtband von Else Lasker-Schüler, den ich in einem Korb voll Ramschware gefunden hatte; er hätte fünfzig Pfennig gekostet.

Schnitzlers Bücher gefielen einem Freund nicht, mit dem ich mich politisch gut verstand. Er sagte zu mir: »Schnitzler ... der mag als Frauenarzt in Wien ganz gut gewesen sein, aber als Schriftsteller ...« Und er verzog die Lippen, fügte hinzu, Schnitzlers Handschrift verrate zwar einen »vollkommen durchpsychologisierten Intellekt«, aber auch einen »völlig haltlosen Charakter«. Mir fiel ein, daß Schnitzler eine Praxis als Kehlkopfspezialist gehabt hatte, sagte aber nichts. Schließlich war der Schnitzler-Verächter vor mir als einem »durch und durch negativen und morbiden Menschen« gewarnt worden. Der Warner selbst aber hatte den anderen später wissen lassen, daß er »zu einem vitalen Individualismus durchgebrochen« sei.

So spielte sich unter den Studenten der dreißiger Jahre das ab, was man einen intellektuellen Meinungsaustausch nennen kann. Mich aber überrascht es immer wieder, daß auf einen, der schreibt und schreiben will, abfällige Äußerungen kaum Eindruck machen, auch wenn er nur wenig vorweisen kann. Und außerdem ist es egal, denn ein Krieg kommt sowieso, sagte ich damals zu mir und wußte, daß ich allein dastand. Aber das war gut. Und alle sogenannten Freunde wollten mich nur provozieren, was mir nicht paßte. Lieber allein, dachte ich und galt als morbide Figur.

Am letzten Tag des Jahres 1936 fing ich die Erzählung *Das stille Haus* an, in der ich eigene Kindheits- und Jugenderlebnisse in die Zeit um 1890 und nach Wien verlegte. Bis in den September des nächsten Jahres schrieb ich daran. Inzwischen war der Ordinarius für Kunstgeschichte, August Grisebach, in Heidelberg aus dem Dienst entlassen worden, weil er mit einer Jüdin verheiratet war. – »Jetzt müssen Sie sich einen andern Doktor-Vater suchen«, sagte er zu mir; denn bei ihm wollte ich promovieren.

Das stille Haus nahm ich nach München mit, wo ich weiterstudieren wollte, und gab das Manuskript meiner späteren Frau zu lesen, die mit mir Kunstgeschichte studierte. Ihr gefiel das erste Drittel meiner Arbeit. Danach aber, so sagte sie, gehe es mit dem, der darin beschrieben werde, rasch bergab. Damit war die Ichfigur gemeint, denn ich erzählte in der ersten Person Singularis.

Dieses Urteil gab mir zu denken, und ich sagte zu mir: wahrscheinlich hat sie recht, war mir aber nicht ganz sicher. Das Manuskript ließ ich liegen, galt es doch, sich einer strengen Schule zu unterwerfen, um im Studium festen Boden zu gewinnen. Davor graute es mir, denn statt Seminararbeiten zu schreiben, hätte ich mich lieber um Geschichten bemüht. Aber es kam ja nicht mehr darauf an, weil der Krieg am Himmel hing. Jedenfalls meinte ich, daß dem so sei.

Dann bekam ich von meinen Eltern eine »Erica«-Schreibmaschine geschenkt, dieselbe, auf der ich auch diese Seiten hier abgetippt habe. Damit machte ich mich an *Das stille Haus* heran, schrieb die ersten vierzig Seiten ab, als ich bereits zu einer zehnwöchigen Infanterie-Ausbildung nach München einberufen worden war, und schickte sie an die Redaktion der *Neuen Rundschau* nach Berlin. Acht Tage später schrieb mir von dort ein gewisser Dr. Karl Korn, meine Geschichte habe ihm gefallen, und er werde sie in einem der nächsten Hefte bringen.

Vielleicht hat jemand der Anwesenden *Neue Zeit* gelesen, wo auch davon erzählt wird. Den Hauptmann der Kompanie, bei der ich als Rekrut geschunden wurde, bat ich, mir für einen Nachmittag dienstfrei zu geben, um die Druckfahnen meiner Erzählung durchzusehen. Die Bitte wurde mir gewährt, und am nächsten Vormittag rief mir der Hauptmann beim Exerzieren zu: »Lenz, auch Sie müssen im Gleichschritt gehen! So berühmt sind Sie noch nicht!«

Übrigens wurde späterhin vermerkt, *Das stille Haus* erinnere an Proust, wahrscheinlich weil ich darin die Verbundenheit eines jungen Mannes mit seiner Mutter dargestellt habe. Ich hatte diese Beziehung als Wunschbild entworfen. Und die Ähnlichkeit mit Proust mochte nachzuweisen sein – auch mir erscheint dies heute plausibel, nur hatte ich bis dato weder etwas von Proust gehört noch gelesen. Erst 1939 wurde die Übersetzung von Walter Benjamin und Franz Hessel verramscht, und ich las darin, übrigens fasziniert, was nicht verwunderlich erscheint. So, dachte ich, sei das Leben, wenn es sich zu leben lohnte. Marcel Proust hatte es entdeckt.

Der Weg zu ihm war mir durch Hofmannsthal und Schnitzler, durch Herman Bang und Jacobsen und nicht zuletzt durch Eduard von Keyserling geöffnet worden. Und wenn ich heute die Geschichte vom Jahr 1937 wieder lese, sehe auch ich die Verbindung zu diesen Autoren. Ein Abschnitt, den ich 46 Jahre später vom vergilbten Manuskript abtippte, wurde vor drei Jahren gedruckt.

Als Student dachte ich oft: Du hast das Gefühl, als würdest du niemals ein Museumsbeamter, aber eines wirst du bestimmt: Soldat. Und ich sollte recht bekommen.

Schade, daß du dich nicht geirrt hast, sagte ich zu mir und nahm ein Notizbuch mit steifem Deckel in den Krieg mit. Ich schrieb in Frankreich, wann mir dies möglich war, an der Loire in einem Zimmer, das rote Steinfliesen hatte, oder im Lazarett, wo ich leider nur einer Bänderzerrung im rechten Fußgelenk wegen lag; ein Gelenkbruch wäre mir lieber gewesen, weil dann der Sanitäter recht bekommen hätte, der zu mir sagte: »Für dich ist der Krieg aus.« So aber ging's weiter, und es kam leider ungemütlicher, sozusagen. Ich aber schrieb im Bunker vor Leningrad oder am Wolchow bei einem Kerzenflämmchen, das auf geschmolzenem Stearin in einem Näpfchen aus Pappe schwamm. Es war nicht größer als ein Fünfmarkstück. – »Ich möcht' bloß wissen, was der schreibt«, sagte einer.

Vom Krieg schrieb ich nichts auf. Zumindest geistweise wollte ich weg von Blut und Läusen, vom Waschwasser, das aus geschmolzenem Schnee bestand. Und ich schrieb von feinen Herrschaften, die um 1890 in Wien gelebt hatten, dachte mir ein Leben aus, das sich lohnte. Typisch eskapistisch, sagte man später zu alledem.

Das Widerliche hinter dir lassen, darauf kam es an. Die anderen wunderten sich, weil ich nie »meuterte«, also schimpfte auf die heillosen Zustände hier an der Front, wo's bloß Brot, Büchsenfleisch, Rübenmarmelade oder Kunsthonig und Malzkaffee gab. Aber, wenn ich sagte: »Über unseren Schützengräben sollten wir ein Transparent aufspannen, auf dem steht: ›Daß wir hier arbeiten, verdanken wir dem Führer‹«, so wurde ich nicht verstanden. Einer ließ mich wissen: »Was du da manchmal sagst, mag schon stimmen. Aber, schau, wie's vor dem Krieg bei mir war. Als Arbeitsloser bin ich mittags von meinem Kumpel geweckt worden: Los, raus! Und wir gingen zum Stempeln; aber das ist doch kein Leben ... Dann kam der Hitler, und ich habe als Terrazzoleger gut verdient. Meine Frau ist in die Fabrik gegangen. Und du wirst es nicht glauben, aber wir haben daran gedacht, uns ein Auto zu kaufen.«

Da sah also ein Arbeiter die sogenannte Neue Zeit anders als ich. Und ich kritzelte mit winziger Bleistiftschrift an der Geschichte eines jungen Wiener Adligen weiter. Mein Notizbuch hatte ich in grün und braun gefleckte Zeltleinwand eingebunden und mit Leukoplast verklebt. Neben der Erzählung aus dem alten Wien schrieb ich Gedichte, skizzierte eine Erinnerung oder versuchte eine Geschichte, in der Mörike vorkam, alles während die anderen in ihren Fallen schliefen; denn ich opferte meiner Schreiberei jeden Tag zwei Stunden Schlaf, die mir auf den Wachdienst im Graben nicht angerechnet wurden. Also, wenn das kein Idealismus war ...

Einmal freilich – es war 1944 – hörte ich den Nationalsozialistischen Führungsoffizier, kurz NSFO genannt, bei den Russen hieß das Kommissar, aus seiner Freikorpszeit in Oberschlesien erzählen und schrieb hernach alles so genau wie möglich auf.

Die Szene habe ich in meinen Roman *Neue Zeit*, der im Krieg spielt, eingefügt und damit die Verhaltensweise von Landsknechten charakterisiert, wie sie überall festzustellen ist. Ziemlich rüde kann man da nur sagen, und typisch zwanzigstes Jahrhundert, obwohl es auch in allen anderen Zeiten und in allen anderen Ländern so zugegangen ist. Es pflanzt sich sozusagen fort. Und was mein Buch *Neue Zeit* betrifft, so habe ich dafür außer diesem Abschnitt nichts aus meinen Notizbüchern übernommen, weil sonst nichts über den Krieg drinsteht. Ich habe alles übrige aus der Erinnerung heraufgeholt.

Hier wäre wohl eine Betrachtung über das Gedächtnis im allgemeinen fällig, und ich will versuchen, hierfür etwas beizusteuern, auch wenn ich nichts Neues sagen kann; denn wie sich die Erinnerung zusammensetzt, verzweigt und den, der sich erinnert, auf abseitige Pfade führt, kann nicht beschrieben werden. Unerwartet taucht ein Augenblick auf, und hinter ihm warten viele andere, als gelänge es, durch Spiegel hindurchzugehen und in ferne Tage einzudringen. Frau Erinnerung fühlt sich an so etwas wie Chronologie nicht gebunden, während ein Geschichtenerzähler gut daran tut, seine Einfälle in die Zeitenfolge einzuordnen. Wobei es möglich ist, daß er sich täuscht und etwas, das später passiert ist, zu früh einordnet oder anders darstellt, als es gewesen ist; denn die Erinnerung verändert sich im Lauf der Zeit.

Da war es gut, einem Mann zu begegnen, der mit mir jene Neue Zeit im Krieg erlebt hatte, und von ihm zu hören, es stimme, was ich geschrieben habe, während ein dritter alles anders gesehen hatte; jedenfalls äußerte er sich auf diese Weise, aber vielleicht wollte er mich nur provozieren.

Also verläßt du dich auf *deinen* Kopf. Schließlich bleibt dir nichts anderes übrig.

Wie aber soll man erzählen? In der ersten oder in der dritten Person Singularis? Ich habe die dritte gewählt, und meinen Mann, meine Figur oder mein Double, wenn Sie so wollen, Eugen Rapp genannt. Als solcher stehe ich mir ferner als ein Herr »ich«. Ich sehe den Eugen Rapp im Abstand und kann mir zuschauen, überlege mir, wie dieser Kerl den anderen erscheinen mag, und sage zu mir selbst: in den kannst du alles hineinstopfen, schließlich ist er bloß eine Romanfigur... So fällt's mir leichter, aus mir herauszugehen, als wenn ich als ein »ich« dahergeschlichen komme, das mich einengt; denn schließlich kann ich mir zuflüstern: Das bist ja nicht du, das ist der Eugen Rapp... Und weil die anderen sich sowieso ihr Bild von mir machen, brauche ich mich für den Eugen auch nicht zu genieren. Über sich selbst weiß niemand Bescheid, und ich bin für jeden ein anderer wie ein gewisses Rumpelstilzchen aus dem Märchen. Doch dies nebenbei.

Ich schrieb an *Verlassene Zimmer* – es war im Dezember 1964 – und erinnerte mich an meine früheren Versuche, meine Kindheit und die Welt meiner Großeltern darzustellen. Die Mutter meiner Mutter war bis zu meinem zwölften Lebensjahr neben mir gewesen, während ich Großvater Julius Krumm nur aus Erzählungen kannte.

Es wunderte mich, daß beim Schreiben von *Verlassene Zimmer* sofort alles da war, was ich als Kind erfahren hatte; das machte mich mißtrauisch. Ich brauchte nur wenig zu korrigieren und dachte: wenn's dir so leicht fällt, kann's doch nicht gut sein. Die Szenen standen vor mir, als wäre ich um 1900 draußen in Gablenberg dabeigewesen. Sogar den Dichter und Bauern Christian Wagner aus Warmbronn sah ich im Weinwirtschäftle zum »Hasen« sitzen, das mein Großvater umtrieb. Und während ich in Stuttgart über die Wiesen beim Bismarckturm ging, wußte ich auch über meine nächsten zwei Bücher Bescheid, in denen ich selbst vorkommen sollte. Dabei fielen mir ihre Titel *Andere Tage* und *Neue Zeit* ein.

Der erzählerische Standpunkt sollte wechseln. Deshalb wird *Verlassene Zimmer* im ersten Teil von Julius Krumm aus erzählt, im zweiten aber hat seine Frau das Wort. Auch Eugen Rapp taucht als »Pfätschekendle« auf, wie man in Württemberg statt Baby oder Kleinkind sagt.

Eugen Rapp tritt allmählich in den Vordergrund, obwohl der Roman *Andere Tage* zum größten Teil vom Standpunkt seiner Schwester aus erzählt wird. Gegen den Schluß macht sich Eugen Rapp immer deutlicher bemerkbar, um dann in *Neue Zeit* nahezu allein dazustehen, jedenfalls was die Erzählposition betrifft.

Doch auch in diesem Buch ändert sich der Blickwinkel; denn ein Kapitel lang schaut sich die Mutter ihren Sohn aus ihrem Abstand an. Nun sind alle Beteiligten mitten drin im sogenannten »Dritten Reich«, und der Krieg macht sich breit. Er wird vom ersten bis zum letzten Tag beschrieben.

Ursprünglich wollte ich hier mit der Eugen-Rapp-Biographie Schluß machen, weil mir das Folgende immer noch nahestand oder gar auf den Leib rückte. Deshalb ließ ich Jahre verstreichen – bei *Neue Zeit* waren es sieben –, bis ich das Manuskript abtippte. Was willst du mit einem Kriegsroman, dachte ich und schaute verdutzt ins Wortgebrodel der Jahre nach 1968. Die tun ja alle, als lebten wir in einem souveränen Staat, sagte ich zu mir, als die überschäumenden Freiheitswogen das Häuschen unserer Demokratie zu umbranden schienen, das die Amerikaner für uns zurechtgezimmert hatten.

Erzählen ist desto schwieriger, je näher das zu Erzählende steht. Aber weil ich mein Tagebuch der Jahre von 46 bis 48 wiedergefunden hatte, wollte ich Eugen Rapp in der Besatzungszeit wiederaufleben lassen. Wenn's mehr zu essen gäbe und die Stadt wiederaufgebaut wäre, könnte es deinetwegen so bleiben, wie's ist, sagte ich zu mir, denn »Souveränität« schien mir für uns nicht mehr angemessen zu sein. Schließlich hatte ich gesehen, wohin so etwas führte, unabhängig davon, daß ich gewußt hatte, wie es kommen würde. Doch mit finsteren Prophezeiungen durfte ich vor dem Krieg niemand kommen, nicht einmal meiner Frau.

Also gut, du schreibst dein Tagebuch auf Eugen Rapp um, au net schlecht. Mir fiel auch noch manches ein, was ich damals nicht aufgeschrieben hatte, und so wurde aus der autobiographischen Trilogie eine Tetralogie.

In *Tagebuch vom Überleben und Leben* ist Eugen Rapp als geduldiger Heimkehrer dargestellt, der sich abfindet. Die Verhältnisse sind für ihn so beschaffen wie für Millionen. Die Zeit erweist sich ihm zwar als eine karge, aber es herrscht Friede. Und der geht ihm über alles, dafür nimmt er seine Misere in Kauf.

In *Ein Fremdling* hat sich die Zeit wieder verändert, und zum Glück herrscht immer noch Friede (davon kannst du nicht genug bekommen), aber vielen anderen geht es bedeutend besser. Wenn du nur durchkommst ... denkt Eugen Rapp und wundert sich, daß ihm dies möglich ist.

Die sich verändernde Zeitstimmung sollte in den autobiographischen Büchern zum Ausdruck kommen, während die erfundenen Geschichten darüber hinausweisen und in jene Sphäre führen, die der Phantasie vorbehalten ist, jenseits der engen Verhältnisse.

Die Hauptfiguren meiner Bücher stehen mir am nächsten. Der Diener Anton Wasik könnte ein Freund des Kutschers Kandel sein, und wer weiß, ob sich die in Wien, so um neunzehnhundert, nicht mal auf der Straße angeschaut haben oder zusammen in einem Beisel gesessen sind, ohne sich zu kennen. Ich meine, ereignet haben könnte es sich schon. Vielleicht wär's auch möglich, daß Wilhelm aus *Die Begegnung*, als er Schulmeister in Liechtenthal war und dort im selben Haus wie Schuberts Vater Unterricht gab, mit Otto Nestle aus *Erinnerung an Eduard* zusammentraf, der auszog, seine verlorene Valerie in Wien wiederzufinden? Und Tamara Lasowskaja hätte als Fremdarbeiterin Margot von Sy begegnen können, wenn Margot gegen Kriegsende nicht lieber in Lochham auf dem Gutshof ihres Schwiegervaters geblieben wäre, wo sie vor Bombenangriffen sicher war.

Sie hatte sich – als Hauptfigur des Romans *Der innere Bezirk* – dorthin zurückgezogen oder war dorthin verschlagen worden, nach demütigenden Jugenderfahrungen. Freilich, als Diplomatentochter – der Vater war zunächst Militärattaché in Belgrad und im Krieg Kreiskommandant von Angers – hatte sie, was ihr äußeres Leben betraf, nicht zu klagen. In ihr aber sah's düster aus, und schließlich überlebt sie mit knapper Not einen Selbstmordversuch. Ohne ihren Vater hätte sie den nicht überstanden, denn Margot ist ohne ihren Vater nicht zu denken. Nach dem Freitod ihrer Mutter in Baden-Baden steht sie allein neben ihm und hat's mit sich selber nicht leicht, weil sie nur mühsam Kontakt findet. Dann aber heiratet sie überraschend schnell, als der Krieg schon angefangen hat, in dem ihr Mann fällt.

Es wird wohl ihre Herkunft aus der adeligen Offizierssphäre sein, die zeitgeistbewußte Leser befremdet. Aber ihre nach innen gewandte Mentalität weckt trotz allem da und dort Sympathie. Ist's abwegig, in unseren Zeiten eine Frau der sogenannten feinen Kreise darzustellen, ohne ihre Umwelt zu karikieren? Der Vater hat Verbindungen zum Widerstand, muß aber darauf bedacht sein, sich abzusichern, weil er überleben will. Und sie soll einem Gestapobeamten zu Willen sein, um ihren Vater zu schützen.

Ein Freund des Vaters, ein gewisser Hauptmann Stühmer, pflegt als kühler Beobachter der Zeitläufte sowohl mit den Mächtigen als auch mit ihren Feinden umzugehen und kann Margots Vater abschirmen. Sie selbst bemerkt all dies mit gespannten Sinnen, von vielfältig wechselnden Empfindungen heimgesucht. Mir steht die Dame nahe, weil sie vielleicht allzuviel spürt und empfindet und weil die Erdstrahlen der Zeit durch sie hindurchgehen; denn es sollte möglich sein, in diesem Roman *Der innere Bezirk* jene vielfältigen Bedrohungen und Bedenken dargestellt zu finden, die im sogenannten »Dritten Reich« die Menschen heimsuchten. Allerdings wird dies nicht in Handlungs-Effekten, sondern als innere Veränderung wirksam. Und beschrieben wird alles auf impressionistische Weise, wobei ich wieder einmal daran erinnern darf, daß, zumindest bei meiner Darstellungsweise, ohne Atmosphäre – was soviel wie Lebensluft bedeutet – weder Außen- noch Innenwelt lebendig gemacht werden können. Aber vielleicht bin ich, um dies zeitgemäß beurteilen zu können, allzu impressionistisch verseucht.

Es kann ja auch ohne Atmosphäre erzählt werden, denn in der Kunst gibt es keine Gesetze. Und kein Kritiker hat das spezifische Gewicht der Sprache festgestellt oder gar einen Geigerzähler für Qualität erfunden; denn nur, wenn diese beiden Errungenschaften nachgewiesen werden könnten, wäre es möglich, über literarische Leistungen gerecht zu urteilen (das heißt: nehmen wir einmal an, daß dies möglich sei).

Was aber Margot von Sy betrifft, so versuchte ich in ihr eine Frau darzustellen, die ich vor mir sah, ohne ihr begegnet zu sein. Allerdings kannte ich die Lebensumstände eines Militärattachés und war deshalb nicht mehr ganz unbefangen. Margot aber, die an ihren Vater gebunden ist, sollte – so dachte ich mir beim Schreiben – als eine Frau dastehen, die sich mühsam anzupassen versucht, ohne sich den anderen anzugleichen. Das ist ein Balanceakt, der besonders in den dreißiger Jahren ein Training der Empfindungen und einen Grad von Selbstbeobachtung notwendig machte, bei dem es darauf ankommt, sich im Gleichgewicht zu halten. Ohne die eigenen Reaktionen zu zügeln, dürfte dies nicht möglich sein, und Margot bemühte sich darum. Dir nichts anmerken zu lassen, darauf kommt es an, sagt sie zu sich selbst und bleibt von den anderen durch einen Abstand getrennt. Das ist schmerzhaft für sie, aber ohne diesen Abstand verlöre sie sich. Sie muß sich beisammenhalten, weil sie weiß: ohne dich selbst zu beobachten, kommst du nicht durch deine Zeit. Dabei ist Margot von Sy darum bemüht, die Erinnerung an ihren Selbstmordversuch in sich zuzuschütten, aber das gelingt ihr nie ganz. Sie weiß, daß ihr Mitgefühl oder ihre Sympathie sie zu vielerlei Menschen hinzieht, die zwar an sich selbst, aber nicht an sie denken.

Nachdem das Buch herausgekommen war, hörte ich von verschiedenen Seiten, die Margot von Sy sei ich als Frau. Mir erschien's kurios, einmal, weil ich mich zeitlebens nie als Frau gefühlt habe, zum anderen, weil ich beim Schreiben an jemand gedacht hatte, von dem ich meinte, es gäbe ihn nur in meinem Kopf. Nun aber sollte ich's sogar selber sein.

Schließlich dachte ich, nun, das werde wohl stimmen, fügte mich also darein. Und wiederum wurde mir klar, daß jedermann nur durch andere erfahren kann, wie er ist. Das heißt, er hat zwar ein Gefühl davon, ist sich aber nicht ganz sicher. Und nun merkt er, falls es sich bei ihm um einen Schriftsteller handelt, was für ein schillerndes und bewegliches Ding das ist, was man Literatur nennt.

Was sein Autor sich beim Schreiben gedacht hat, ist gleichgültig; denn der hat das Buch ja nur geschrieben.

Als Leser habe ich zuweilen das Gefühl, als ob eine Wand weggezogen würde, hinter der die eigenen Befürchtungen zu Bildern geworden sind. In ihnen kann ich herumgehen und mir selber begegnen als einer, der ich vielleicht einmal gewesen bin oder in den ich mich verwandeln könnte, am Ende gar noch bei Lebzeiten.

Nun, ich habe mir nie angemaßt, das zu liefern, was man, akademisch gesprochen, ein »stichhaltiges Dichterbildnis« nennen könnte. Ich habe ja in meiner Erzählung *Erinnerung an Eduard* lediglich Otto Nestle zu Wort kommen lassen, und der sieht den Eduard Mörike so, wie er ihm als Zeitgenosse erschien. Aus dem Blickwinkel dessen, der sich vom verehrten Freund übersehen oder gar von oben herab behandelt fühlt, wird ein anderes Bild sichtbar als in den Augen eines gelehrten Forschers von heute.

»Vielfach sind zum Hades die Pfade«, beginnt Mörikes Gedicht *Erinna an Sappho*, und manchmal ist einer wie ich versucht, diesen Vers auf seine Laufbahn als Schriftsteller ironisch geschärft anzuwenden, wenn er bei Hans Carl Artmann liest: »Totgeschwiegen ist soviel wie totgeschossen.« Aber, was willst du machen, wenn du jahrzehntelang übersehen wirst? Einer, der polternd auftrumpft, macht selten eine passable Figur, und wenn du nichts unternimmst, stehst du als Fatalist da. Das aber ist jedenfalls nicht mal so schlecht.

In Erinnerung an Horazens *Ars poetica* überlege ich, wie man heutzutage schreiben soll.

»Weltläufig« höre ich dann und wann und weiß, daß ich dieses Gebot nie befolgt habe, wahrscheinlich, weil ich nie in der Welt herumgelaufen bin. Dafür bin ich in ihr herumgestoßen worden, zum Glück freilich bloß im

Krieg zwischen Leningrad und San Francisco. Und was die Ermahnungen der Rezensenten betrifft, die mir zu Gesicht und zu Ohren kamen, so habe ich sie akzeptiert (was blieb mir schon anderes übrig). Außerdem hat in diesen Dingen und Angelegenheiten der Literatur jeder recht, weil sich immer Persönliches einmischt. Und wenn es heißt, ich flüchte in die Natur, so pflege ich zu denken, das sei kein Wunder.

Kurioserweise haben in den letzten Jahren Naturbeschreibungen einen neuen »Stellenwert« bekommen, wie man heute sagt. Das verdankt einer wie ich entweder den »Grünen« oder einer Zeitströmung, die schon vorher da war, ohne daß sie jemand beachtete. Nun merken mehr Leute als früher, daß nur die Intelligenz des Menschen die Welt vernichtet, und deshalb darf sogar ein Schriftsteller eingestehen, es lohne sich, Wälder anzuschauen, und am Ende dürfe man sogar »Oh Täler weit, oh Höhen« für ein gutes Gedicht halten. Natürlich werden in unseren Tagen immer wieder Stimmen laut, die donnernd darauf hinweisen, daß ein Schriftsteller nur Mißstände der Gesellschaft zu entlarven habe und sich sonst nichts einfallen lassen dürfe. In Horazens *Ars poetica* ist davon nicht die Rede, denn Horaz gibt nur Hinweise auf Normen der Gesittung. Seine rasiermesserscharfen Satiren aber ließ er dabei außer acht.

Heute darf ich sogar meine Gedichte vorzeigen, in denen der Bayerische Wald beschrieben wird, ja, es kommt vor, daß ich ermuntert werde, meine Naturbeschreibungen weiträumiger zu machen; denn allmählich merkt man, was man verloren hat und noch verlieren wird. Vielleicht darf deshalb sogar der Trost der Bäume wieder angenommen werden, und die Stille kommt zu ihrem Recht. Nun brauchen sie also wieder etwas, das sie dorthin führt, wo sie nicht nur mit ihrer Lunge aufatmen können, und wer weiß, ob nicht gar bald wieder der Verzicht aufs Ausleben modern wird, freilich nur, weil man sich nicht anstecken will. Dann dürfte es möglich sein, daß zumindest unter Intellektuellen die Forderung laut wird, jeder Schriftsteller müsse in seinen Büchern den Weg zur Sublimierung der Triebe aufzeigen. Das wäre dann so etwas wie ein neues Ethos. Der entgrenzenden Funktion, die von der Literatur unserer Tage befürwortet wird, würde dann der Wunsch nach Eingrenzung gegenübergestellt. »Halt an das Zugwerk der Triebe«, heißt es bei Marc Aurel.

Übrigens hat Marc Aurel das Selbstgespräch in der Literatur begründet, und in seinen Aufzeichnungen wendet sich der Kaiser nur an sich selbst. Bewirken will er nichts, wahrscheinlich weil er weiß, daß kein Schriftsteller etwas bewirkt. Er macht sich auf dem Papier klar, was er vom Leben hält und wie's gelingt, das Ganze halbwegs anständig durchzustehen.

Dabei weist er für sich selbst nach, daß Todesfurcht überflüssig sei; denn was erschiene hier, in so viel Schmutz, begehrenswert?

Dies wird wohl einer seiner Grundgedanken sein, doch bin ich nicht auf seiner Seite, wenn er das Leben für etwas Nichtiges hält. Es ekelt ihn vor dem öligen Wasser in den Bädern, und die blutigen Schauspiele im Amphitheater verachtet er. Es kommt ihm auf »Taten der Menschenliebe« an, wie er sich ausdrückt, und vielleicht denkt er: wenn du schon hier sein mußt, ist es wahrscheinlich das Entscheidende, für die anderen da zu sein.

Als Kaiser hatte er vielfältige Möglichkeiten, dies zu verwirklichen. Was aber sind die Taten eines Schriftstellers?

Nun, er kann, wie Günter Wallraff, unmenschliche Arbeitspraktiken bloßlegen und versuchen, die Situation der Minderheiten zu verbessern. Seine Arbeit hat eine soziale

Funktion, und ich frage mich, ob meine Bemühungen diese Funktion ebenfalls beanspruchen können.

Nicht in der Richtung, die Wallraff verfolgt; denn meine Lebensbeschreibungen, wenn ich so sagen darf, dienen nicht der Verbesserung des Arbeitsklimas. Sie führen aber vielleicht zu einer Lichtstimmung hin, sagen wir: in einer Waldbeschreibung, wenn dargestellt wird, wie das Licht zwischen Blättern sich regt. Oder wie eine Goldammer im Weißdornbusch ihr verschnörkeltes Zirpen hören läßt. Auch ihre gelben Flugfedern bringen etwas herein ins Gewöhnliche, das den, der sie anschaut, aufmuntert. Und wenn ich in einer Beschreibung dieses Aufmunterungsgefühl für den Leser spürbar mache, dann habe ich etwas erreicht. Es lohnt sich auch, zwei Kornblumen zwischen den Ähren zu finden, dazu eine Bussardfeder.

All dies kommt mir wichtig vor. Dazu gehört alles Natürliche, denn alles Natürliche kann einen immateriellen Reiz ausstrahlen, und der ist mir wichtig. Die Art, wie ein Mensch sich bewegt, kann ebenso dazugehören wie ein Schindeldach, das in der Sonne glänzt. Und so weiter.

Um das Immaterielle mit Wörtern sichtbar zu machen, kommt es darauf an, sich in alles Existierende hineinzustehlen oder hineinzuschleichen, sich zusammenschmelzen zu lassen mit einem grasigen Waldweg zum Beispiel. Dann vergißt du dich und bist selbst das Gras mit den Silberdisteln und der trockene rissige Boden. Und es muß dir möglich sein, beim Schreiben alles, was du vor dir siehst, hörst, riechst, schmeckst und spürst, in deine Wörter eindringen zu lassen. Alles Empfundene kannst du einschmelzen in deine Geschichte; doch willst du Abstand gewinnen von dir selbst. Als ginge ich neben mir und erschräke, wenn ich mich selbst anfasse. Oder mich streift ein Zweig, und das Kratzen dieses Zweigs am Stoff meines Anoraks zischt so laut, wie ein Geschoß pfeift, das an mir vorbeisaust.

So etwas kann vorkommen, wenn die Nerven gespannt sind. Im Krieg hab' ich's bemerkt, als ich an der Front allein durchs Unterholz ging. Und so müßte es auch beim Schreiben sein.

Es sind seltene Augenblicke, aber dann und wann machen sie sich bemerkbar, und ich habe das Gefühl: jetzt bist du auf deinem Weg.

Dabei bildet sich ein meditativer Text heraus. Langweilig sollte er nicht sein, aber nicht bloß obenhin reizvoll. Wenn er Menschen gefällt, die ähnlich wie ich – heutzutage sagt man: programmiert – sind, dann genügt's mir. Viele werden es nicht sein. Und ich weiß, daß die meditative oder imaginative Darstellungsweise mit der dynamischen wenig zu tun hat. Aber alles kann man nicht verlangen.

III. Vorlesung

Ich meine, Marc Aurel habe das Selbstgespräch in die Literatur eingeführt; denn in seinen *Selbstbetrachtungen* spricht er nur zu sich selbst. Die Art, wie er das Selbstgespräch verwendet, erscheint mir als Vorform des Bewußtseinsstroms, den zum ersten Mal Edouard Dujardin (um 1890) literarisch fixierte, allerdings nicht mit philosophischer, sondern halt mit belletristischer Prosa. Seine Arbeiten waren Arthur Schnitzler bekannt, der in seine Novelle *Leutnant Gustl* Anno 1900 diesen Bewußtseinsstrom einfließen ließ, der später durch James Joyce jene nachhaltige Wirkung auf die Literatur ausübte, die Ihnen längst bekannt ist. Seitdem überrascht's nicht mehr, wenn auch ein Werk der Unterhaltungsliteratur Einflüsse von Joyce zeigt, und selbst in illustrierten Zeitschriften sind Geschichten zu finden, in denen das Selbstgespräch vorherrscht. Ich bezeichne damit jene frei schweifende Art der Assoziationsfindung, in der sich Eindrücke, Empfindungen und Gedanken scheinbar willkürlich aneinanderreihen. Ich sage »scheinbar«, weil jene Assoziationskette von einem Gesetz bestimmt zu werden scheint, das zwar unerfindlich bleibt, aber trotzdem vom Wesen oder von der Mentalität der jeweils vorgestellten Figur bestimmt wird. Dabei mag es sich meistens um die Mentalität des Autors handeln.

Ich erinnere mich an ein Gespräch im Seminar des Professors Max Bense zu Stuttgart, wo nach einer Lesung von Helmut Heißenbüttel ein Student die Forderung aufstellte: »Wir müssen so weit kommen, daß wir die Formel für eine Assoziationsreihe an die Wandtafel schreiben können.« Und Professor Bense erwiderte mit nachsichtigem Schmunzeln: »Das kann man nicht.«

Vielleicht war's auch ein behagliches oder gar ein verlegenes Schmunzeln. Jedenfalls tröstete es mich, und ich dachte, also sei aller Technokraten-Hybris zum Trotz nicht jede Regung einer Gehirnwindung programmierbar. Und ich kümmerte mich nicht um irgendwelche Assoziationstheorien, sondern schrieb meine Geschichten so weiter, wie ich meinte, daß sie zu mir paßten. Saß also in der Stuttgarter Dachstube weiterhin an meinem Roman *Die Augen eines Dieners*, in dem der Diener Anton Wasik immer wieder mal »du« zu sich selber sagt; denn für seine Gedanken hat er so gut wie kein Gegenüber. Er ist allein, wie es sich für ihn geziemt, obwohl er mit vielerlei Menschen zusammenkommt. Dabei entsteht ein Gewebe aus Wörtern, in dem Handlungselemente, Dialoge, Beschreibungen und berichtende Prosa sich zusammenfügen. Wasiks Selbstgespräche beschränken sich zwar nur auf kurze Sätze, aber trotzdem scheinen sie alle anderen Erzähl-Elemente zu durchdringen, aus denen sich der Roman zusammensetzt. Jedenfalls sagte ein Literaturhistoriker über das Buch: »Das Ganze wirkt wie ein Monolog.«

Im Roman *Der innere Bezirk* redet die Hauptfigur Margot von Sy als junger Mensch in der Ichform mit sich selbst. Nach einschneidenden Erfahrungen, die ihr zeigen, wie sie ist, redet sie sich wie Anton Wasik mit »du« an; denn jetzt hat sie zu sich selbst Abstand gewonnen und kann sich zuschauen. Und ich meine, in diesem Buch dargestellt zu haben, wie mühsam (auch über einen Selbstmordversuch) jeder zu sich selbst finden kann. Zwar steht Margot von Sy, als sie sich über sich selbst klarer geworden ist, keineswegs unerschütterbar da, weiß aber immerhin, was sie sich zutrauen kann; oder sie meint es besser als zuvor zu wissen, weil sie skeptischer und distanzierter geworden ist, besonders gegenüber sich selbst.

Wenn innere Veränderungen dargestellt werden sollen und Ansichten einer handelnden Person vor der Umwelt verborgen werden müssen, erweist sich das Selbstgespräch als praktikables Stilmittel. Jedenfalls gebrauche ich es sparsam, weil ich das Gefühl habe – denn alle formalen Überlegungen, die eigene Darstellungsweise betreffend, entwickeln sich aus Gefühlen –, weil ich also das Gefühl habe, es belebe einen Text, der sich auf innere Vorgänge konzentriert, wenn mehrere Sicht- und Sehweisen sich verbinden. Das Ganze wird dann vielschichtiger. Alles aber muß sich aus der eigenen Betrachtungsweise entwikkeln, muß hervorsteigen aus Bildern, die sich im Lauf der Jahrzehnte gebildet haben. Dazu kommen Ingredienzien des Schmerzes, des Ärgers, der Freude, der Unterlegenheit und so weiter, und alles zusammen vermehrt die unteren Schichten des Bewußtseins, in denen sich Gefühle und Empfindungen abgelagert haben. Und die ganze Art der Betrachtungs- und Darstellungsweise wird von meiner Natur bestimmt.

Im Krieg hatte ich mein Notizbuch in grün und braun gefleckte Zeltleinwand eingebunden und mit Leukoplast verklebt. Neben der bereits erwähnten Erzählung aus dem alten Wien schrieb ich Gedichte, skizzierte eine Erinnerung oder versuchte eine Geschichte anzufangen.

In Amerika wurden mir alle Notizbücher abgenommen, zusammen mit einer in orangefarbenes Leinen gebundenen Reclam-Ausgabe von Mörikes Gedichten. Nur ein leeres Notizbuch durfte ich behalten, und darin fing ich in Billings/Montana noch einmal an, *Das stille Haus* zu schreiben. Ich füllte zehn bis zwanzig winzige Seiten, die ich 1946 nach Deutschland mitbrachte und an denen ich in Stuttgart weiterschrieb. Ein Jahr später erhielt ich durchs Rote Kreuz alles, was man mir abgenommen hatte, wieder zurück, darunter auch meine Notizbücher.

Das stille Haus war inzwischen neu geschrieben und auf gut Glück an die Deutsche Verlags-Anstalt geschickt worden. Man druckte es 1947 als ersten Band einer Reihe, die »Erzähler von morgen« hieß und von der nie ein zweiter Band erschien.

Na ja, dachte ich, Erzähler von heute bist du also keiner.

Ich sah die Währungsreform näherrücken, wußte, daß ich, wenn sie käme, keinen Pfennig besitzen würde, schrieb Geschichten, die »surrealistisch« genannt wurden, wahrscheinlich weil die Trümmerlandschaft, das Chaotische der Überlebenszeit, zusammen mit meiner Ratlosigkeit, derlei Phantastisches erzeugten. Ich hatte nichts Surrealistisches gelesen außer Thomas Manns *Der Kleiderschrank* oder Schnitzlers *Traumnovelle*, falls man diese Geschichten surrealistisch nennen will. Aber vielleicht sah es in mir selbst sozusagen surrealistisch aus. Ein etwas fragwürdiger Zustand, freilich immer hinter der Fassade eines Einfamilienhauses, in dessen sechs Zimmern längere Zeit siebeneinhalb Menschen lebten, wenn man ein Baby, das meiner Schwester gehörte, als halben Menschen dazuzählt.

Krieg, Verfolgung und Angstträume waren der Hintergrund meiner 1949 erschienen drei Geschichten, die der Band *Das doppelte Gesicht* enthält. Zehn Monate lang habe ich nach der Währungsreform monatlich hundert Mark Vorschuß bekommen. Davon lebten meine Frau und ich. Als Schüler Marc Aurels hatte ich dies geduldig hinzunehmen.

Hier wäre die Form jener surrealistischen oder phantastischen Geschichten zu beschreiben, die ich damals gemacht habe. Sie aber wissen sicher längst, daß es dabei auf eine Auflösung der Erzählzeit ankommt, damit Vergangenes als etwas Gegenwärtiges erscheint. Durch Rückblenden, die als fortlaufend erzählte Szenen getarnt werden, wird dies möglich gemacht. So entwickelt sich eine traumähnliche Bilderfolge, wahrscheinlich ausgelöst durch ein Lebensgefühl, das als zweiflerisch oder leicht erschütterbar bezeichnet werden kann; denn nach dem Kriege war's mühsam geworden, sich zurechtzufinden. Außerdem waren die vielen Toten der jüngsten Vergangenheit überall spürbar, und ihre Seelen hingen unsichtbar in der Luft, wenn ich so sagen darf.

Dies dauerte noch lange an. Schließlich hatte ich nie das, was man einen bürgerlichen Beruf nennt, und es blieb mir nichts anderes übrig, als mich ohne so etwas zurechtzufinden. Auch war ich durch die lange Kriegszeit und das Sich-Gewöhnen an die Todesnähe gegenüber Materiellem gleichgültig geworden. Die Empfindung hatte sich verstärkt, alles Irdische sei ein Vorraum oder ein Wartezimmer, hinter dessen dünnen Wänden das »Eigentliche« oder »Letzte« stand: denn alles, was ich hier sah, mußte doch etwas bedeuten oder auf etwas hinweisen, das mehr und anders war. Oder es wurde etwas aus mir herausprojiziert, das sich dann außen zeigte oder sich mit Irdischem verband, mit ihm verschmolz. So konnte das entstehen, was beim Lesen zwar als unwirklich empfunden wird, was aber stärker ausstrahlt als alles Bekannte. Gewohntes, Übliches scheint sich zu verwandeln, obwohl es bleibt, was es ist. Zum Beispiel ein ausgetrockneter Feldweg mit rissiger Erde, die aussieht, als bestünde der Boden aus Waben, weil sich die Risse wabenförmig ausbreiten. Dies wird bei einem gewissen abwesenden Anschauen spürbar. Es stellt sich ungerufen ein, und zuweilen kann ich diesen Zustand in mir selbst erzeugen. Als Kind entwickelte er sich öfter als in späteren Jahren. Beim Schreiben kommt die Erinnerung an ihn zuweilen wieder hervor wie beim Gehen. Und manchmal wird er mir erst im nachhinein bewußt.

Genügt die Andeutung? Präziser kann ich's nicht beschreiben. Es sind Augenblicke der Abwesenheit, in der sich mir manches klärt.

Zum Inhalt und zur Form der drei Geschichten, die der Band *Das doppelte Gesicht* enthält, läßt sich noch Folgendes hinzufügen.

Die erste Geschichte, *Das nächtliche Aquarium*, erzählt von einem Gaukler und Bauchredner, der sich Alexander Valtamare nennt und nach dem Krieg wieder in seine Heimatstadt Wien zurückkehrt. Es ist eine ins Un- und Überwirkliche veränderte Stadt, wo er seiner Vergangenheit begegnet. Valtamare sieht seinen Bruder Daniel, der als Arzt zurückgeblieben ist, und begegnet seiner Tochter Claudia; sie ist Schauspielerin und gehört zur »Museumsgesellschaft«, wie eine Art magischen Kabaretts benannt wird, das die Vergangenheit gegenwärtig macht. Dort mischen sich entschwundene Augenblicke mit gegenwärtigen und konfrontieren Valtamare mit seinen Versäumnissen. Das Bewußtsein der Schuld wird lebendig, und in der Begegnung mit Entschwundenem soll sich das Ich des Protagonisten erneuern. Es wird also versucht, eine Läuterung darzustellen. Allegorisches wird sichtbar, visionäre und imaginäre Passagen wechseln mit realistischen.

So ist auch die dritte Geschichte aufgebaut, deren Titel, *Die unbekannte Loge*, von Jean Paul entlehnt ist. Als ich sie schrieb, hatte ich Jean Pauls Buch noch nicht gelesen und wunderte mich hernach, daß Beziehungen zwischen meiner Erzählung und dem Roman des toten Dichters bestanden; denn auch dort trifft sich eine geschlossene Gesellschaft unter der Erde.

Meine Geschichte spielt in der Trümmerlandschaft des zerstörten München von 1946, und die Mitglieder der

Loge zum Geheimen Einverständnis treffen sich in einem weitläufigen Keller. Dort werden die Menschen einer Gewissensprüfung unterzogen und mit den Grausamkeiten der Vergangenheit konfrontiert. Wie in *Das nächtliche Aquarium* soll eine innere Handlung dargestellt werden, und alles, was geschieht, ereignet sich unter Menschen, die dem Erzähler im Krieg begegnet sind.

Es wird in der Ichform berichtet, und ich selbst bin mit diesem Ich gemeint. Jussy tritt auf, Tamara Lasowskaja ist wieder da, lauter Tote, die sich zwischen Lebenden bewegen. Eigentlich kein Wunder, wenn man bedenkt, daß die Geschichte von einem Kriegsheimkehrer geschrieben wurde, dem der Tod in mehrfacher Gestalt begegnet ist. Und daß Symbole des christlichen Glaubens darin auftauchen, wird den nicht wundernehmen, der in meiner Zeit und unter ähnlichen Bedingungen wie ich gelebt hat.

Die zweite Geschichte, *Der fliegende Engel*, spielt 1938 in Wien unter Angehörigen der großbürgerlichen Schicht. Das sogenannte Surrealistische oder Phantastische beschränkt sich auf die Sphäre der Träume und Wunschvorstellungen eines jungen Mädchens. Im übrigen entwickelt sich die Geschichte in der realen Welt.

Sie gefiel Thomas Mann, während sie den Männern der Gruppe 47, bei der ich ein Mal hospitierte, als zu dekadent von innen raus zuwider war. *Die unsichtbare Loge* aber wurde von ihnen akzeptiert, wahrscheinlich weil sie unter Kriegsteilnehmern und zwischen Trümmern spielt. Wobei ich mich wieder einmal darüber wunderte, daß jeder nur das aufnehmen kann, was ihn selbst betrifft. Und ich erinnere mich, damals – es war 1951 in der Laufenmühle bei Welzheim – von einem jungen Mitglied der Gruppe gehört zu haben, Thomas Mann sei ein ganz und gar zwielichtiger Bursche.

Doch dies nebenbei.

Bei den phantastischen Geschichten kam es mir darauf an, die Verhältnisse der Jahre nach 1945 deutlich zu machen. Auch die Zeitstimmung gehörte dazu, und ich versuchte, die desperaten Zeiten von damals so darzustellen, daß sowohl die Außenwelt als auch die Sphäre der Träume und Wünsche deutlich werden. Ein Studienfreund freilich, der ein Jahr früher als ich aus dem Krieg zurückgekehrt war und sich eines der damals gleichsam in der Luft herumschwimmenden Ämter mit raschem Zugriff angeeignet hatte (so drückte er sich aus), war weder mit meiner Darstellungsweise noch mit dem Gegenstand meiner Bemühungen einverstanden und vertraute mir an, daß es bei mir mit der »Seinswirklichkeit« hapere oder nicht ganz stimme. Jedenfalls entsprachen für ihn meine Geschichten entweder nicht ganz oder überhaupt nicht seiner damaligen »Bewußtseinslage«, während ich mir weder damals noch heute sowohl unter »Seinswirklichkeit« als auch unter »Bewußtseinslage« etwas vorstellen konnte, beziehungsweise kann. Aber derlei Wörter charakterisieren wohl hauptsächlich das, was man »Zeitgefühl« nennt. Zehn Jahre später wurde dann nach der »gesellschaftlichen Relevanz« gefragt, und vor der – als oberster Prüfungsinstanz gewissermaßen – schloß ich wahrscheinlich noch weitaus schlechter ab.

Jedenfalls tauchte in der Erzählung *Das stille Haus* die Loge zum Geheimen Einverständnis zum ersten Mal auf. Dabei wird ein Zusammenhang mit den Ängsten eines zu Ende gehenden Zeitalters deutlich, obwohl noch Friede herrscht. Es ist der atemanhaltende Friede der Zeit um 1910, dem nach dem Ersten Weltkrieg ein von Haß brodelnder Friede folgen sollte. Der ging in Dumpfheit unter, denn 1939 gab es keine Kriegsbegeisterung.

Nachher also die Zerstörung und daß endlich Schluß

war mit der Diktatur; denn nach dem Zweiten Weltkrieg gab es nur politisch eine Stunde Null, und das war gut. Was die Literatur betraf, so hing sie zwar in der Luft wie damals alles Überflüssige, aber die ideelle Verbindung mit allen mir wichtig erscheinenden Gestalten der Vergangenheit war, zumindest für mich, nicht abgerissen, obwohl nur das Handfeste galt, das Brot des Bäckers und das Fleisch des Metzgers. Daß einer wie ich sogar damals geduldet wurde, erschien mir als Geschenk des Schicksals, und ich schrieb die drei Geschichten, die in *Das doppelte Gesicht* stehen. Und um noch mal auf die dritte Geschichte zurückzukommen, die von der Loge zum Geheimen Einverständnis erzählt, so sollte beachtet werden, daß diese Loge von Toten gelenkt wird. Lebende können darin aufgenommen werden, müssen sich aber einer Gewissensprüfung unterziehen. Es wird eine Art duldsamer Hierarchie beschrieben, und die Prüflinge, auch wenn es widerspenstige Gesellen sind, die alles andere als »gut« erscheinen, verbindet das Leiden zu einem schweigenden Einverständnis.

Dies erschien mir damals als eine Rettungsmöglichkeit, wenn man so will. Heute kommt mir diese Wunschvorstellung als für die Jahre der Besatzungszeit typisch vor. Froh, daß wieder reine Luft wehte, in der ich aufatmen konnte, nahm ich meine Zuflucht zur Phantasie einer Gemeinsamkeit mit solchen, die Gewalt ablehnen. Das Gefühl, es wäre vielleicht möglich, Gleichgestimmte zu finden und die könnten auf andere einwirken, sie womöglich überzeugen, dies half mir damals weiter. Später freilich merkte ich, daß sich alles ein bißchen anders verhielt, obwohl sich Gleichgestimmte auch heute noch zusammenfinden. Überzeugen aber kannst du niemand. Und ob ein Schriftsteller etwas im ideellen Sinn bewirkt, das fragst du lieber nicht.

Immerhin hatte ich nach dem Kriege kurze Zeit gewähnt, dies wäre möglich.

Neben den phantastischen Geschichten schrieb ich ein Tagebuch, um den Alltag der Jahre 46 bis 48 möglichst genau zu porträtieren. Weshalb behauptet werden könnte, ich hätte damals an einer Spaltung meines Bewußtseins gelitten, ohne etwas davon zu merken. Allerdings weiß jeder, daß dies zum Leben gehört, weil jeder in Gedanken und im Traum alles verlassen kann, was ihn bedrängt; übrigens zum Glück.

Meine Konzentration aufs Bücherschreiben wurde in den fünfziger Jahren allerdings gehemmt; denn damals war es nötig, sich aufs Geldverdienen einzustellen.

Wie aber konnte ich zu Geld kommen? Durch Schreiben von Büchern war's kaum möglich, weshalb ich froh war, als dienstbarer Geist eines Kulturvereins und eines Schriftstellerverbandes soviel zugeteilt zu bekommen, daß es zum Leben reichte. Schließlich waren meine Ansprüche bescheiden, und große Sprünge zu machen, danach stand mir nicht der Sinn.

Es überraschte mich, daß Briefe schreiben, Hotelzimmer bestellen, hochgeehrten Dichtern und Vortragskünstlern den Hof machen, jeden ausgegebenen und eingenommenen Pfennig in ein großes Buch schreiben, Rundbriefe verfassen und verschicken, Plakate und Annoncen ohne Fehler zum Druck zu befördern, ja schließlich Eintrittskarten zu verkaufen: daß all dies sich als ablenkende und zerfasernde Tätigkeiten herausstellte, die jeden literarischen Einfall zerbröselten. Da nützte es nichts, abends in die Dachstube hinaufzuklettern und sich hinter den Schreibtisch zu klemmen: Immer wieder fiel mir etwas Störendes aus meiner Bürogehilfentätigkeit ein. Dazu Gespräche mit Kollegen, die mir nahelegten, meine Schreibweise zu ändern und entweder amerikanischen Vorbildern zu huldigen oder konkrete Poesie zu machen.

Ich dachte, zwar seien Hemingway und Faulkner große Poeten, aber ihre Darstellungsweise entspräche der amerikanischen und nicht der deutschen Mentalität. Außerdem konnte ich nicht einsehen, daß Thomas Mann ein Dummkopf, Arthur Schnitzler ein Dekadenzling, Hermann Hesse ein Provinzler und viele andere nur abgeschmackte Literatur-Leichen seien. Bei Ernst Jünger aber handele es sich um nichts anderes als um einen Vorläufer des Nazismus. Wobei ich eingestehen mußte, daß ich, zumindest was Ernst Jünger betraf, bis jetzt nahezu fleckenlos dastand, weil ich mir seine *Marmorklippen* Anno 39 zwar gekauft, sie aber ihrer allzu sorgfältigen Sprachstilisierung wegen beiseite gelegt hatte, obwohl ich wußte, daß darin die damaligen Machthaber als dämonische Figuren dargestellt wurden, wie sie auch mir erschienen. Ich las das Buch erst später. Nach 1960 freilich änderte sich dies; denn Ende der fünfziger Jahre begann ich *Strahlungen* und im Lauf der nachfolgenden Jahrzehnte manches andere von ihm zu lesen, allerdings nicht seine Kriegsbücher. Im Krieg jedoch habe ich Jüngers Darstellung des Frankreichfeldzuges gelesen und mit meinen Erfahrungen als Infanterist in Frankreich verglichen. Dabei gab ich Jünger recht.

Ob man mir dieses Vergehens wegen die Absolution erteilen wird? Schließlich waren Jüngers Bücher in den fünfziger Jahren auf einen ungeschriebenen Index gesetzt worden, der freilich nur unter Kollegen von Mund zu Mund zirkulierte, falls ich so sagen darf. Und unter meinen Papieren befindet sich aus dieser Zeit ein Blatt, auf dem Folgendes steht:

Wer ist wer?

Einer erzählt von ihm und sagt: »Also Anno 47 ist er in

einem Wirtshaus wie auf dem Thron gesessen. Die anderen alle weitab. Er saß ganz allein oben. Sonst war der Tisch leer, und unten drängte sich ein Häufchen Plebs zusammen. Daß er also gerade noch seinen Freund, einen General, neben sich geduldet hat ... Er sagte zum Beispiel: ›Auch der nächste Krieg wird im Schützengraben entschieden.‹ Lauter endgültige Weisheiten also.

Er hat abwechselnd eine Pfeife und eine Zigarette geraucht. Nachher, im Hof draußen, wirft er einem Huhn einen Zigarettenstummel hin und grinst, als das Huhn danach picken will, aber enttäuscht wegläuft. So etwas ist doch unmenschlich: einem Huhn einen Zigarettenstummel hinzuwerfen.«

Derselbe Erzähler fügt später hinzu, in einem Buch seiner Frau werde er immer nur »Der Gebieter« genannt.

Ein anderer, der anderthalb Jahre lang sein Sekretär gewesen ist, bezeugt, er sei der gütigste Mensch, den er kenne.

Ein Fernsehjournalist erzählt, daß er ihn wie auf dem Kasernenhof angefahren habe: »Name?! Vorname?!«

Ein vierter weiß, daß er sich über ein Buch gebeugt, die verschlungenen Initialen seines Namens betrachtet und gesagt hat: »Das nähert sich ja immer mehr einem Herzen!«

Eine Dame begegnet ihm in einem Büro. Er ist tief gebräunt und fragt merkwürdig schüchtern, wo das Zimmer des Chefs sei. Er bedankt sich herzlich für ihre Hinweise. Er sei ihr wie ein abseits lebender Mann vorgekommen, von Gartenarbeit gebräunt. Er habe einen dunkelblauen Anzug angehabt. »Also, wie ein Mann vom Land, der selten in die Stadt fährt.«

Derselben Dame erscheint er später wie ein Machthaber, der von einem Leibwächter beschützt wird, einem Leibwächter mit Pistole unter der Jacke (in der Achselhöhle), doch ist es möglich, daß sie diese Charakterisierung von einem früheren Verehrer und jetzigen Feind des Genannten übernommen hat. Der Freundfeind hat übrigens seine Doktorarbeit über die Bücher des Genannten geschrieben.

Jemand weiß zu berichten, daß ihn von Zunftgenossen nur die verkrachten Existenzen interessieren.

Eine andere Dame erzählt, er schicke Briefe im Stil von Anordnungen an Kompanieschreibstuben, und was er da von sich gebe, das sei richtig medioker. Wie einer, der nach unten tritt. Und bevor er hierherkomme, rufe seine Frau an und verlange, daß ihn der Chef mit dem Auto am Bahnhof abhole und ein Hotelzimmer für ihn bestelle.

Der Chef sagt, eigentlich komme er ihm nur dann nahe, wenn sie beide viel getrunken hätten.

Dann wieder diese Äußerungen von Leuten, die mit ihm arbeiten: »Wie bescheiden er ist, wie zurückhaltend und wie rücksichtsvoll.« Bis es heißt: »Jetzt ist er doch siebzig. Der mit seinem mageren Hintern in den engen Hosen ... Und wie stolz der auf seine gute Figur ist! Mit siebzig! Der schwitzt den Stolz auf seine gute Figur geradezu aus.«

Dagegen wieder eine Dame: »Es ist ja toll, wie der sich gehalten hat! Schließlich ist er über siebzig.«

»Nun, es heißt ja auch, daß Augustin bis zu seinem Tode wie ein Jüngling erschienen sei«, bemerkte ein Unbeteiligter. Und auf die Frage, um wen es sich denn eigentlich handele, erfährt er ... Aber lassen wir das.

Als Nachtrag sei noch Folgendes vermerkt:

Ein Literaturkenner läßt einen Kollegen wissen, das neue Buch dieses Autors sei kühl. Darauf entspinnt sich folgendes Gespräch:

»Ja, kühl ... Da stimme ich bei. Wie aber wünschen Sie, daß er schreiben soll?«

»Das weiß ich auch nicht.«

»Also werfen Sie ihm vor, daß er schreibt, wie er ist? Mir erscheint dies als Vorzug. Oder sollte er wie Heinz Tovote schreiben, wie Victor Blüthgen? Auch Karl Bleibtreu käme vielleicht noch in Betracht.«

Dies wurde im März 1968 geschrieben, und im Juni 85 mit einem Zusatz versehen, denn Ernst Jünger ist ja immer noch ein umstrittener Autor.

Zu Anfang der fünfziger Jahre aber beschäftigte ich mich nicht mit ihm.

Was meine Vorliebe angeht, so konzentrierte sie sich in den fünfziger Jahren auf Arno Schmidt. Von ihm las ich jedes neue Buch. Dabei kam es mir vor, als sei er einer, der sich gegen das grobe Zeitalter, in dem er leben mußte, zumindest auf dem Papier mit Brutalität wappnet, während er in Wirklichkeit einer von der feinmaschigen Sorte ist.

Bestätigt wurde diese Meinung erst vor kurzem, nachdem ein faksimiliertes Manuskript Schmidts das Licht der Druckerschwärze erblickt hatte. Schmidt hat es kurz vor dem Krieg für seine Frau geschrieben. Darin erwies er sich als Kenner Stifters, und seine Ausdrucksweise erschien mir nahezu blumig. Später wurde sie stachelig, und mir kommt's so vor, als hätte seine Schreibweise auf meine Art der Darstellung keinen Einfluß gehabt. Deshalb überraschte mich die Frage eines Zuhörers, ob ich Arno Schmidt gelesen habe. Ich stimmte zu, freilich mit der Einschränkung, seine späteren Bücher mit ihren orthographischen und lautmalerischen Besonderheiten seien mir fremd geblieben.

Dies geschah, nachdem ich aus *Der innere Bezirk* vorgelesen hatte, einem Buch, das in den sechziger und siebziger Jahren herauskam. Wir aber sind hier erst im Jahr 59, als *Der russische Regenbogen* erschien, ein Buch, das vom

Standpunkt einer Zwangsarbeiterin das letzte Kriegsjahr sichtbar machen soll. Darin vermischen sich phantastische und realistische Passagen, und zuweilen erscheint der Bericht unwirklich, auch was eine gewisse allgemeine Stimmung anlangt, die für die Zeit der untergehenden Hitlerherrschaft bezeichnend war.

Die Geschichte ist in der Ichform geschrieben. Es erzählt jene Tamara Lasowskaja, die in *Neue Zeit* Eugen Rapp begegnet.

Während hier von Zwangsarbeitern und anderen Ausgestoßenen berichtet wird, beschreibt die Roman-Trilogie *Der innere Bezirk* Erlebnisse einer Tochter der adeligen Schicht zwischen 1934 und 1955.

Der Titel *Der innere Bezirk* weist darauf hin, daß innere Vorgänge nicht nur den Hintergrund der Ereignisse abgeben, sondern die Reaktionen und Entschlüsse der Figuren bestimmen. Durch diese Art der Darstellung soll die Oberfläche durchscheinend gemacht werden. Und ich erinnere mich bei dieser Gelegenheit wiederum an die Bemerkung eines Zuhörers einer Lesung, der sagte, die Tochter Margot von Sy erscheine in meinem Buch als eine Dame altmodischer Gemütsart, wahrscheinlich weil sie als zögernd und unsicher, ja auf Distanz bedacht beschrieben wird. Worauf ich mir zu antworten erlaubte, ältere Herren, wie der Fragende und ich selbst, stellten sich zwar junge Mädchen von heute meistens rasanter vor als Margot von Sy, aber trotzdem verhalte es sich anders. Und ich erzählte von einer Studentin, die mich in einer Diskussion gefragt hatte, woher ich die Empfindungen junger Menschen so genau kenne, wie ich sie in *Der innere Bezirk* dargestellt habe.

Und *Spiegelhütte*, ein Band, der drei Geschichten enthält, die in einer imaginären Stadt spielen, erweist sich als ein allegorisch verschlüsseltes oder verfremdetes Buch, in dem Zeitkritik deutlich gemacht wird. Dabei handelt es sich um eine Zeitkritik, die der herrschenden Meinung zuwiderläuft. Immerhin habe ich mir erlaubt, in diesem Buch das sexualisierte Lebensgefühl der Gegenwart so darzustellen, daß es allen denen, die mit der neuen Zeitstimmung einverstanden waren, als allzu säurespritzend oder zersetzend erschien. Auch werden in diesem Buch gewisse Erscheinungen des zeitgenössischen Lebens, die bereits 1962, als das Buch erschien, für revolutionär gehalten wurden, ironisch dargestellt. Die enthemmte Stimmung, die erst 1968 wirksam wurde, ist in *Spiegelhütte* schon vorher beschrieben worden, weshalb das Buch, zusammen mit der Erzählung *Der Tintenfisch in der Garage*, als zur Kategorie der literarischen Zankäpfel gehörig bezeichnet werden kann. Im Unterschied zu *Spiegelhütte* präsentiert sich *Der Tintenfisch in der Garage* als realistische Erzählung, die unter Studenten in Regensburg spielt. Aber weil die Hauptfigur, ein Student namens Ludwig, einer ist, der sich nicht anpassen kann ans allgemein Gängige und Übliche, wurde die Erzählung zuweilen als »resignativ« verpönt.

Allerdings, auch der Student Ludwig ist eine Randerscheinung, wie viele Figuren in meinen Geschichten. Ich habe eine Schwäche für sie, und vielleicht gehöre ich selbst zu ihnen, möchte aber dies alles, was mich betrifft, nicht dramatisieren.

IV. Vorlesung

Auch Anton Wasik aus *Die Augen eines Dieners* steht den Randfiguren näher als den Unterschütterlichen und Korrekten, denen er sich anpassen muß; außerdem ist er Österreicher, übrigens der uneheliche Sohn eines Bezirkshauptmanns. Und weil die Geschichte vor dem Ersten Weltkrieg beginnt, mischt sich auch hier – und ich meine, so sei es in vielen oder gar in allen meinen Büchern – der Wunsch hinein, der Leser möge erkennen, daß es dem Autor darauf ankommt, etwas spürbar zu machen, das mit Grobheit nichts zu tun hat.

Der Diener Wasik hat sich einen unsichtbaren Schutzmantel der Zustimmung umgehängt, hinter dem er seine Verletzbarkeit verbirgt. Ihm geht alles zu nahe, rückt ihm auf den Leib, und das ist ihm zuwider, strapaziert ihn. Er erträgt die Menschen nur aus der Distanz und gibt sich deshalb als ein Entgegenkommender. Seine Gefälligkeit, sein schweigendes Beiseitestehen und die Verbeugungen vor seinem Herrn, dem er ausweicht, indem er ihm zustimmt, sind in diesem Sinn zu verstehen.

Manche werden sagen: Wasik ist ein Quietist, allerdings nur, weil sie sich nicht in ihn hineindenken oder gar hineinfühlen können. Er gehört zu Marc Aurel, ohne genau zu wissen, wer dieser Mann ist. Den Namen hat er von einem Grafen gehört, der mit ihm Soldat war und mit dem er sich zeitlebens verbunden fühlt. Ins Buch des Marc Aurel hat er zufällig hineingeschaut, und wenn er die Worte liest: »Beste Art, sich zu wehren: Sich nicht anzugleichen«, dann fühlt er sich bestätigt.

Um ihn wirkt sich Einsamkeit aus, übrigens wie um den Kaiser Franz Joseph in der Erzählung *Dame und Scharf-*

richter. Auch in dieser Geschichte wird das Buch Marc Aurels erwähnt, und Franz Joseph fragt: »Ist's dick?« Gelesen hat er es ebensowenig wie der Diener Wasik, und nicht nur, weil Arthur Schnitzler seinerzeit Olga Waißnix die *Selbstbetrachtungen* Marc Aurels empfohlen hat, auch um 1900 mehrere neue Übersetzungen des Buches erschienen sind, meine ich, es bestehe eine Verwandtschaft des Lebensgefühls zwischen der allgemeinen Stimmung der k. und k. Monarchie und der Zeit Marc Aurels. Es will mir auch so scheinen, als wäre in jener Epoche, als die Automobile noch »Stinkkutschen« genannt wurden und Roßäpfelduft sich mit Benzingasbrodem mischte, eine gewisse allgemeine Heiterkeit und Melancholie sozusagen gar net schlecht gewesen. Merkwürdig ist nur, daß auch diese Gefühlsmischung nichts gemildert oder gar verhindert hat; denn sowohl die sich mit Brutalität wehrende Zarenherrschaft als auch die nachgiebige und tolerante kaiserliche und königliche Monarchie gingen unter.

So kann am Beispiel der österreichischen Monarchie Gespaltenheit und Zerfall als unerbittliche Folge einer Entwicklung nachgewiesen werden, die nicht aufzuhalten war. Der Scharfrichter erscheint als Handlanger des Dämonischen, während der Kaiser so etwas wie »Ordnung« verwirklichen will, doch gibt es die nur im Hofzeremoniell bei offiziellen Anlässen vor hellen Kulissen, unter denen die Abwässer sickern. Die Auflösung macht sich bemerkbar. Bei einer Dame der Gesellschaft hat der Auflösungs-Virus eine chaotische Gefühlsmischung hervorgerufen, während ein Maler sich heraushalten will aus dem allgemeinen Zerfall. Es gelingt ihm, allerdings nur gewissermaßen und indem er sich in seine Bilder absentiert, die für ihn wohl so etwas sind wie eine Schutzmauer. Er beschwört in ihnen die nahezu unversehrt erscheinende Oberfläche des Irdischen, weil er in Frau von Seilern die Zerstörung am Werk sieht. Womit wir wiederum bei jenem Typus des Außenstehenden angekommen sind, der sich nur behaupten kann, wenn er etwas Eigenes zustandebringt, das ihn schützt.

Der Maler macht sich also etwas vor, übrigens wie Horaz in seinem Brief an die Pisonen. Darin wird auf leichte und ironische oder weltmännische Art, die heutzutage nicht mehr praktiziert werden kann, eine Norm für poetisches Wohlverhalten aufgestellt, die fast zweitausend Jahre lang gültig war, ohne daß sich jemand daran gehalten hätte; denn seine *Ars poetica* diente hauptsächlich den Interpreten zur freudigen Selbstbestätigung, während jeder Versemacher seinen eigenen Vorstellungen folgte, wahrscheinlich weil jede Poetik nur für den gilt, der sie sich zurechtlegt. Und von denen, die schreiben, wissen hauptsächlich die Ausleger genau, wie man's machen muß. Die andern, diese Erzähler und Gedichtemacher, folgen dabei mehr einem Gefühl, denn vorausberechnen läßt sich hier so gut wie nichts. Form, so kommt es mir manchmal vor, sei nichts Konstruierbares, sondern müsse sich von selbst bilden. Und wenn ich mir einen präzisen Plan mache, wie beispielsweise für die Erzählung *Dame und Scharfrichter*, so halte ich mich im Lauf des schriftlichen Erzählens zwar an einige mir selbst auferlegte Bedingungen, wie den Wechsel der Erzählposition, aber schon die Einteilung in Kapitel wird später geändert. Und ob eine Erzählung zerrissen, in sich geschlossen, rund oder oval wie ein Ei wirkt, dieses Gefühl habe ich erst, wenn der Schlußstrich gezogen wird. Weshalb es mir so vorkommt, als könnte über poetische Gesetze, die es nicht gibt, letzten Endes nur ein Kritiker oder ein Literaturhistoriker etwas Grundsätzliches oder gar Endgültiges sagen. Bei mir ergibt sich immer nur etwas Vorläufiges, weil ich der Meinung bin, was ich über meine Geschichten sage, sei unwichtig; denn es kommt – wie bereits mehrmals vermerkt – auf den Leser an. Wie dem meine Geschichten erscheinen, auch wenn es nicht stimmt, was er meint, das steht jedenfalls fester da als alles, was ich verlauten lasse; denn erklären kann ich nichts, ich beschreibe nur oder stelle dar.

Aber sei dem, wie ihm wolle. Wenn ich schon hier bin, mich eingelassen habe aufs halsbrecherische Geschäft der öffentlichen Rede, muß ich auch etwas Faktisches beisteuern. Und um wieder auf Horaz zurückzukommen, von dem es heißt, er habe seine *Ars poetica* nur deshalb für seinen Freund Piso verfaßt, weil der ihn gebeten habe: könntest du nicht mal für meinen Sohn etwas aufschreiben, das den vom Schreiben abhält?, so weiß niemand, ob das wahr ist. Wenn's aber stimmt, dann hat Horaz dem jungen Piso seine Schreibarbeit jedenfalls schwer gemacht, und sei es nur, indem er ihn wissen ließ, jeder Poet solle sein Geschriebenes mindestens neun Jahre lang liegen lassen, bevor er's veröffentliche.

Nun, für mehrere meiner Arbeiten trifft dies zu. So schrieb ich meine Erzählung *Der Letzte*, die 1984 erschienen ist, im Winter 70/71, wartete also freiwillig dreizehn Jahre lang. Und prompt wurde sie von der Kritik als »Alterswerk« charakterisiert; denn, immerhin, 1984 war ich einundsiebzig Jahre alt.

Kurios das Ganze ... muß ich wieder einmal sagen und mich daran erinnern, daß mein Roman *Neue Zeit* sieben Jahre lang in der Schublade schlummerte, ebenso wie *Die Begegnung*. Und der dritte Teil von *Der innere Bezirk* wurde elf Jahre nach der Niederschrift veröffentlicht, denn pressiert hat es mir nie. Nur wenn ich einen Aufsatz für die Zeitung schreiben mußte, habe ich mich zuweilen beeilt; doch dies nebenbei.

Meine Bücher lasse ich wachsen. Ich wurde nie von einem Ansturm vielfältiger Themen überfallen, auch hat mich nie das, was man »Schaffensrausch« nennt, sozusagen übermannt oder hingerissen. Warum sich beeilen? Du bekommst früh genug unliebsame Wörter und Sätze in gedruckter Form serviert, sagte ich zu mir selbst und wartete ab, während das Manuskript unter meiner Couch lag. Hatte ich's abgetippt, dann zögerte ich, es wiederzulesen, besonders nachdem mir bei *Dame und Scharfrichter* der Anfang immer noch nicht akzeptabel erschien und ich ihn mehrmals umschrieb.

Einmal aber mußte Schluß gemacht werden mit allen Selbstzweifeln, und nun steht die Geschichte so da, wie sie mir vorschwebte.

Immer wieder werde ich gefragt, weshalb ich, als Schwabe, sozusagen nach Wien gekommen oder gar in der Phantasie dorthin emigriert sei und mich mit österreichischem Leben zuweilen sogar identifiziert habe.

Auch dies hängt mit der damaligen Gegenwart des sogenannten »Dritten Reiches« zusammen. Und weil ich wußte, daß sich die damalige Regierung Österreichs des deutschen Terrors erwehren mußte, zog es mich »nach drüben«, wenn ich so sagen darf. Nicht umsonst hatte ich mich in Hofmannsthals Schriften vertieft und meine Sparkasse geleert, um mir vier Bände der S. Fischer-Ausgabe von Schnitzlers Werken kaufen zu können.

Bei Schnitzler war sie noch lebendig, die Lebensluft der Jahrhundertwende, und wahrscheinlich muß es mir als Eskapismus angekreidet werden, wenn ich mir damals vorstellte oder vormachte, von der vergleichsweise milden oder toleranten Lebensstimmung der Vergangenheit sei in Wien sogar Anno 35 noch allerlei lebendig gewesen. Hinfahren konnte ich nicht, um mein Phantasiebild mit der Wirklichkeit zu vergleichen, wußte aber vom Arbeiteraufstand und daß Schuschnigg versäumt hatte, die Sozialdemokratie in seine Staatskonzeption einzubeziehen; denn Schuschnigg wurde wohl allzu intensiv durch sein Wunschbild vom versunkenen Kaiserreich beeinflußt, was mich nicht davon abbringen ließ, meine Vorstellungen von einer lebenswerten Zeit mit der Gestalt eines idealisierten Österreich zu verschmelzen. Immerhin dauerte sie noch an, diese österreichische Geschichtspause, und es war angenehm, sich vorzustellen, daß es Hitler niemals gelingen würde, Österreich dem Reich einzuverleiben. Und ich bildete mir ein, vielleicht wäre es, meinem eigenen Pessimismus zum Trotz, möglich, daß sich Österreich zu einem Gegengewicht gegenüber Deutschland entwikkeln könnte und die Zerstörung hintangehalten würde. Aber weit gefehlt.

Wie es kam, ist bekannt. Die Mehrzahl der Österreicher wollte alles anders haben, als ich's mir wünschte. Sie nahmen's sogar hin, daß für sie dabei nur ein Krieg heraussprang. 1937 aber war alles noch nicht so weit, und einer wie ich konnte sich vorstellen, daß die Herren am Ballhausplatz Glück hatten. In der Wiener Zeitung *Die Presse* las ich, wer abgestiegen war in den feinen Hotels, und sah die braun reproduzierten Fotografien in der *Wiener Illustrierten* an, als zeigten sie eine andere Möglichkeit des Lebens: duldsam und nicht brutalisiert. Das war für mich damals erfreulich. Und ich erlaubte mir, im Angesicht des Krieges, wenn ich so sagen darf, weil ich diesen Krieg kommen sah, in einer Erzählung, die an die hundert Seiten lang war, gewisse Ereignisse meines bisherigen Lebens (es waren noch nicht viele) in die Zeit um 1890 und nach Wien zu verlegen, als hätte ich damals gelebt. Die Sache mutete natürlich an und wurde ein Jahr später teilweise in der *Neuen Rundschau* gedruckt. Aber da waren dann schon viele Menschen in Wien umgebracht und verhaftet worden, Egon Friedell hatte sich aus dem Fenster gestürzt, und ich selbst war zum Infanteriedienst eingezogen worden.

Die zugrunde gehende k. und k. Monarchie versuchte ich darzustellen, obwohl ich nicht in ihr gelebt habe. Dabei erinnerte ich mich an die Verhaltensweise derer, die damals in Österreich regierten und sich um Rücksicht bemühten, wohl weil sie meinten, diese Rücksicht zögere die drohende Katastrophe zumindest hinaus.

So wurden unter Franz Joseph Spione nicht wie in Rußland gehenkt, sondern in ihr Heimatland zurückgeschickt. Auch widerte den Kaiser jede Agententätigkeit an. Er wollte so wenig wie möglich davon erfahren und bestätigte von 1903 bis zum Kriegsausbruch kein Todesurteil mehr.

In meiner Erzählung *Dame und Scharfrichter* wird dargestellt, wie er zögert und schließlich das letzte Todesurteil unterschreibt. In der Konstellation Kaiser – Dame – Scharfrichter sollen Anzeichen des Untergangs und des Verfalls sichtbar werden, die zu allen Zeiten festzustellen sind; denn das Dämonische – ich nehme an, daß das Wort auch heute noch benutzt werden darf – nützt immer noch der Zerstörung, und seine Wirkungskraft kann trotz aller Bewußtmachung durch Psychologie und Soziologie nur dann eingeschränkt werden, wenn die allgemeine Situation (ein sehr vager Begriff, aber ich finde keinen andern) dies zuläßt. Außerdem vermittelt jede historische Erzählung einen Lebensgrundriß, der tiefer eingeritzt sein kann als jede Geschichte, die in der Gegenwart spielt; denn der Ausblick, den historische Erzählungen bieten, ist weiter als der einer Geschichte, die sich auf die Gegenwart beschränkt.

Vergangenheit ist. Sie kann weder verändert noch bewältigt werden und steht da wie ein Fels. An ihr kann die

Struktur des Lebens deutlicher sichtbar gemacht werden als an der sich ständig verändernden Gegenwart, die, wenn man's genau nimmt, nur aus diesem einen Augenblick besteht, der jetzt schon vorbei ist.

Die k. und k. Monarchie schien zum letztenmal eine Kultureinheit zu umschließen, die gerade noch zusammenhielt. Ihr äußeres Erscheinungsbild mit von Benzingasen kaum bläulichen Straßen, mit einer Kleidermode, die elegant wirkte (gibt es das eigentlich heute noch?), und bunten Uniformen: dies alles fügte sich zu einem hellen Bild zusammen, das nach dem Ersten Weltkrieg ausbleichte. Und vielleicht wurden von nun an auch die Menschen grauer.

Jedenfalls sind für mich Arthur Schnitzlers Gestalten, die alle die Lebensluft des alten Österreich eingeatmet haben, heute noch lebendig. Oder ist der Leutnant Kasda aus *Spiel im Morgengrauen*, dieser halb leichtsinnige, halb depressive Mensch, der vom eisgrauen und knochenharten Konsul Schnabel vernichtet wird, weil der Konsul auf der Bezahlung von Kasdas Spielschulden beharrt, eine Figur, die es heute nicht mehr gibt?

Nun, die Lebensumstände haben sich inzwischen verändert, und der Ehrenkodex, der den Leutnant zum Selbstmord zwingt, ist zum Glück abgeschafft, aber den erbarmungslosen Schuldeneintreiber gibt's trotzdem immer noch. Und daß die Spielleidenschaft eine Existenz vernichtet, diese Erfahrung kann auch in unseren Tagen gemacht werden. Freilich, die Menschen sind nicht mehr so an Feinnervigem interessiert wie ehemals, obwohl Einsamkeit auch heute noch vorkommt. Bei Schnitzler dürfte es sich um die konstitutionelle Einsamkeit des Autors handeln, die er seinen Figuren und Gestalten einbläst. So ist's für alle Schnitzler-Geschichten charakteristisch.

Überall finden sich bei ihm diese distanzierten Zuschauer, die gerne mitspielten und wissen, daß sie nicht mitspielen können. Sie müßten einfacheren Gemütes sein, dann wär's ihnen möglich, sich auch innerlich anzupassen; zum Schein aber machen sie alle mit, um nicht allzusehr aufzufallen; denn Empörer oder Rebellen gibt's unter ihnen keine. Daß sie anders sind als die meisten, wollen sie sich nicht anmerken lassen, obwohl es zuweilen wider ihren Willen deutlich wird.

Sie haben alle etwas Besonderes an sich und sind keine Menschen »wie du und ich«, etwa im Sinne von Reader's Digest. So beispielsweise der Student Richard aus Schnitzlers Roman *Therese*. Seit fünfzig Jahren habe ich Richard nicht vergessen, obwohl er in diesem Roman nur flüchtig auftaucht.

Therese trifft ihn am Praterstern in Wien, ihre Freundin Sylvie und deren Geliebter sind auch dabei. Sie gehen in den Donauauen, der hagere Richard, dessen »auffallend schlanke, allzu magere Hände« Therese gefallen, führt sie in »ein stilles Revier unter hohen frühlingsgrünen Bäumen«. Beim Ruderbootfahren versucht Therese eine Zigarette zu rauchen, die ihr nicht schmeckt. Richard merkt es, nimmt ihr die Zigarette aus den Fingern und raucht sie selbst weiter.

Das ist eine jener Reaktionen, die für Schnitzlers Figuren typisch sind und auf verborgene Wünsche hinweisen. Aus ihnen, die Gefühle und Empfindungen wecken, wird die beständig sich ändernde Stimmung des Ganzen belebt, und innere Vorgänge werden bis in Verästelungen spürbar. So fügen sich, in flüchtigen Impressionen, die Ereignisse aneinander, und das Unbeständige und Brüchige menschlicher Beziehungen wird offenbar.

Richard sagt, fremde Gesichter seien ihm in der Seele zuwider. Und als ihm ein anderer entgegnet, daß Richard doch auch für seine Freunde und Bekannten niemals besondere Sympathie zu erkennen gebe, läßt er das ohne weiteres gelten.

Therese, die sich als Erzieherin über Wasser hält, kommt neben ihm »die Unsinnigkeit ihres Schicksals, die Unverständlichkeit des Lebens überhaupt niederdrückend zu Bewußtsein«. Und sie hat das Gefühl, daß dieser Richard, den sie erst seit kurzem kennt, eigentlich der erste ist, »der, was eben jetzt in ihr vorging, ohne weiteres verstanden hätte, ja vielleicht wußte, ohne daß sie es selbst aussprach«. Und sie fühlt sich ihm, dem sie sich in den ersten Stunden ihrer Bekanntschaft hingegeben hat und der sie, wie sie weiß, darum doch nicht verachtet, näher verwandt, als sie sich jemals irgendeinem anderen gefühlt hat.

Später begegnet sie ihm wieder, und er »erscheint ihr zugleich elegant und herabgekommen«. Der schwarze Samtaufschlag seines tadellos sitzenden Überziehers ist »etwas abgeschabt und der Lack der Schuhe an manchen Stellen abgesprungen«, wie es im Roman heißt; denn alles, was geschieht, wird mit Thereses Augen gesehen. Richard, der bei den Eltern wohnt, nennt seine Mutter beiläufig eine dumme Gans; der Vater ist ein bekannter Advokat. Von sich erzählt Richard, daß er demnächst seine dritte Staatsprüfung machen sollte, und er frage sich, wozu. »Er würde ja doch nie Advokat oder Richter werden. Und auch sonst nichts Rechtes. Er habe nämlich zu nichts Talent, wie ihn im Grunde auf der Welt auch nichts wirklich freue.«

Als sie von ihrem Kind und von ihren Pflichten diesem Kind gegenüber erzählt, zuckt er fast ärgerlich die Achseln und sagt, »es gebe keine Pflichten, man sei niemandem etwas schuldig, die Kinder nicht den Eltern und die Eltern den Kindern auch nicht. Alles nur Schwindel, alle Leute seien Egoisten, sie gestünden es sich nur nicht ein.«

Und er erzählt ihr, daß er eine »nicht geringe Summe« beim Rennen gewonnen habe. Das sieht er als Wink des Schicksals an und hat die Absicht, sein Glück weiter zu versuchen. Das sei überhaupt das einzig Erstrebenswerte auf der Welt: Geld haben, auf die Leute pfeifen können. Und er fordert Therese auf, mit ihm nach Monte Carlo zu fahren. Sie würde dort sicher ihren Weg machen, freilich nicht als Lehrerin.

Dann heißt es im Roman: »So sehr sie widersprach, ja, ihn zurechtwies, gerade von Äußerungen solcher Art strömte ein besonderer Reiz auf sie aus. Und an diesem Abend war sie sehr glücklich mit ihm.«

Einige Wochen später bringt er sich um.

Mich hat an Schnitzlers Arbeiten immer die stärkende Wirkung seiner Wahrhaftigkeit und seiner solipsistischen Lebensstimmung angezogen, obwohl ich glaube, sie sei, zumindest jetzt, der meinen nicht mehr ähnlich, denn bei mir hat sich, je älter ich wurde, der Pessimismus sozusagen abgeschwächt, und heute kommt's mir so vor, als lohne es sich, hier zu sein. Schnitzlers Kritiker warfen ihm vor, er habe keine »Weltanschauung«, und er erwiderte, das könne schon stimmen, aber dafür habe er seine Weltbetrachtung.

Jahrzehnte später wurde ich darauf hingewiesen, daß Schnitzlers Geschichten allzusehr auf den Effekt hin gedrechselt seien, was mir richtig erschien. Ich konnte dies nicht als Negativum verbuchen, obwohl ich in meinen Geschichten so gut wie keine Handlungseffekte anstrebe. Warum aber, so frage ich mich, soll mir die Arbeit eines anderen nicht gefallen, weil er anders schreibt als ich? Es kann ja auch sein, daß mich gerade andersartige Darstellungsweisen anziehen. Es kommt mir aber so vor, als hätte ich von den Impressionisten der Jahrhundertwende viel gelernt. Schließlich setzt sich das Leben aus Impressionsfetzen einzelner Augenblicke zusammen und hat nicht das, was man – übrigens im Gegensatz zu Schnitzler – eine zugespitzte Handlung nennt. Allerdings könnte man, am Beispiel meines Lebens, nachweisen, daß es sehr wohl so etwas wie eine Wendung geben kann. Denn wer hätte gedacht, daß meine Arbeit in meinem einundsechzigsten Lebensjahr anerkannt würde? Dies verdanke ich Peter Handke.

»Wie haben Sie es denn ausgehalten, was man Ihnen angetan hat?« fragte mich kürzlich eine junge Kollegin, doch mir fiel keine einhellige Antwort ein. Schließlich deutete ich an, ich verfügte vielleicht über eine gewisse Gelassenheit, oder wie man das nennen wolle. Ehrlich gesagt: genau weiß ich's nicht, und wahrscheinlich gehört es so zu meinem Leben. Oder sollte ich mehr dazu sagen? Jedenfalls habe ich nicht bemerkt, daß die Kritiker, zumindest was mich betrifft, später sozusagen beschämt gewesen wären.

Zuweilen lese und höre ich die Bemerkung, meine »Karriere« sei schon recht sonderbar. Dabei verwundert mich das Wort Karriere, weil ich nie losgestürmt bin und mir mit den Ellenbogen Platz geschaffen habe; weshalb ich statt Karriere für mich lieber Laufbahn sage, obwohl das an Sportplatz erinnert. Von Anfang an war mir bekannt, was mir bevorstand und daß ich so gut wie nichts zu erwarten hatte. Schließlich kannte ich meine Zeit, oder, besser gesagt: Ich mußte sie kennenlernen, und ich kannte mich selbst. Dem Zeitgeschmack wurde auch ich ausgeliefert und bemerkte mit einigem Unbehagen, daß er mir nicht gefiel. Ich war anders geortet, geartet oder eingestellt und wußte, was ich wollte; doch was ich wollte, war nicht erwünscht. Ist's darum überraschend, wenn ich mich für überflüssig hielt?

Daß ein junger Mann mit dem, was ich machte, etwas anfangen könnte, dies allerdings habe ich niemals erwartet.

Ein bißchen schwindelte es mir, und ich dachte: was hast du für ein Glück. Und das denke ich heute noch.

Als ich dann im beginnenden Frühling des Jahres 1974 hinter der Landesbibliothek in Stuttgart ging, rief mich ein Redakteur der *Stuttgarter Zeitung* über die Straße hinweg an, und ich ging zu ihm hinüber. Es verwunderte mich, daß er sich mir zuwandte, aber schließlich sagte er: »Das mit Handke war ja eine Bombe!«

Für mich ist all dies erstaunlich, und ich weiß, wem ich zu danken habe. Ich höre jemand sagen, meine eigene Geschichte, also, daß einer mit sechzig bekannt werde, nachdem er jahrzehntelang im Schatten gestanden sei, die müsse ich aufschreiben. Ich weiß aber immer noch nicht, ob ich das kann.

Eine Abschweifung, gewissermaßen.

Wir waren beim Historischen stehengeblieben, der Beschäftigung mit der Vergangenheit. Und wenn Geschichten wie *Dame und Scharfrichter* erwähnt werden, so muß ihr Verfasser wohl auch erzählen, wie er zu diesem Stoff gekommen ist und wo er ihn gefunden hat.

Vielleicht war so etwas wie eine sympathetische Ausstrahlung mit im Spiel, die mich am 5. September 1966 im Antiquariat Müller und Gräff zu Stuttgart die Erinnerungen des letzten Scharfrichters im k. und k. Österreich, Josef Lang, herausgegeben von Dr. Oskar Schalk, finden ließ, die 1920 in Wien erschienen waren. Als alter Antiquariatsgänger kannte ich mich in diesem Buchladen aus. Im Juli desselben Jahes hatte ich dort Albert Freiherrn von Marguttis Buch *Vom alten Kaiser* aufgespürt und im Januar 1966 zwei dicke Bände mit Briefen Kaiser Franz

Josephs an Kaiserin Elisabeth als Neuerscheinung gekauft. Im Oktober aber kam – nun wiederum aus dem Antiquariat – eine Auswahl von Briefen Franz Josephs hinzu, die 1924 erschienen war.

So ausgerüstet machte ich mich an die Vorarbeiten für *Dame und Scharfrichter* und versuchte herauszubekommen, wie der Kaiser und sein Scharfrichter gewesen seien. Die Dame, eine gemütskranke Adlige, erlaubte ich mir ebenso zu erfinden wie den Maler Brunner, der mit der Dame befreundet ist. Den Wappenmaler Fuchsberger aber begrüßte ich im Schloß Schönbrunn als alten Bekannten, nachdem ich ihm in Stuttgart bereits früher begegnet war, freilich nur als Romanfigur in *Der Kutscher und der Wappenmaler*, der sechs Jahre lang in einer Mappe unter meinem Schreibtisch gelegen hatte.

Sie sehen, was ein wackerer Schriftsteller ist, der läßt sich's nicht verdrießen und vertieft sich in mehrere Kilo bedruckten Papiers, auch wenn er nur eine Erzählung von 130 Seiten schreibt. Aber, Sie vermuten richtig, wenn Sie meinen, es sei mir dabei nicht nur auf diese Geschichte, sondern auch auf eine gewisse Vertiefung in vergangene Augenblicke angekommen, deren Lebensluft mich anzog. Übrigens wie bei der Vorbereitung meiner Mörike-Geschichte *Erinnerung an Eduard*, die, wenn ich ehrlich sein soll, nahezu vier Jahrzehnte in Anspruch nahm. Das sagt aber nicht, daß die Erzählung deshalb fehlerlos sei.

Daß ich Anno 68/69 Mörike wiederaufleben ließ, während man in Kollegenkreisen gemeinhin der Revolution entgegenfieberte, nimmt mich nicht wunder; denn schließlich kenne ich mich in mir selbst ein bißchen aus. Außerdem ahnte ich damals, daß meine Tage als Schriftstellerverbandssekretär gezählt waren, weil sich die Stimmung unter den Kollegen gewandelt hatte, und also kam es nicht mehr darauf an.

Freilich, erst im Oktober 1981 wurde meine Erzählung *Erinnerung an Eduard* veröffentlicht. Die Kritik zögerte, bis sie sich ihrer annahm, wahrscheinlich Peter Härtlings wegen, der ein halbes Jahr später ebenfalls Mörike und Maria Meyer wiederauferstehen ließ. Und ein adliger Kritiker dekretierte in einem exklusiven Hochschulblatt, das *Arbitrium*, also Schiedspruch heißt, ich hätte meine Geschichte nach der Methode verfaßt, die Hermann Kurz in seinem Roman *Schillers Heimatjahre* praktiziert hat.

Nun, es mag sein, daß ich von diesem, speziell in Württemberg bekannten und beliebten Buch beeinflußt wurde, obwohl ich es bis heute nicht gelesen habe. Doch wer will wissen, daß es nicht trotzdem auf mich eingewirkt hat, beispielsweise, wenn ich in der Landesbibliothek zu Stuttgart an ihm vorbeiging? Derselbe Kritiker aber stellte en passant fest, die Kilianskirche stehe in Heilbronn und nicht in Tübingen. Und das ist gewißlich wahr.

Die Darstellung historischer Zusammenhänge ermöglicht es, eine Entwicklung zu überschauen, und ich meine, nur etwas Vergangenes könne erzählt werden, auch wenn es sich in der sogenannten Gegenwart ereignet; denn was ist Gegenwart?

Sie beginnt für jedermann an seinem Geburtstag, weitet sich aber nach rückwärts im Lauf der Zeit. Schließlich lernt einer, je länger er lebt, desto mehr Menschen kennen, die alles, was geschieht, anders sehen und gesehen haben als er selbst. Seine Eltern erzählen von früher, die Großeltern überschauen einen noch weiteren Zeitraum, und schließlich kommen auch da und dort und dann und wann sogar noch die Urgroßeltern hinzu. Dies macht die Gegenwart zu einem Konglomerat vieler Gegenwärtigkeiten und verwandelt sich in lebendige Vergangenheit.

Doch dies nebenbei, obwohl es für mich wichtig ist.

Schließlich reicht meine Gegenwart, so gerechnet, von heute bis 1913 und von 1913 bis zu jenem Urgroßvater zurück, der als Müller von Grötzingen bei Nürtingen im Nachthemd Spinett spielte und sein Geld beim Glücksspiel an französische Offiziere verlor, während der zweite als unehelicher Sohn der Jungfer Stahl und des Dekans Lenz in Dürrmenz zur Welt kam, Leineweber wurde und nie in die Kirche ging.

Ob vom Spinett spielenden Müller, vom Dekan oder von der Jungfer Stahl aus Niederschwarzach in Baden meine Besessenheit stammt, möglichst viel aufschreiben zu wollen? Meine Mutter schrieb gute Briefe, las viel und spielte so Klavier, daß ich im Konzertsaal beim Anhören mancher Virtuosin dachte: so hast du's auch schon zu Hause gehört. Und als Zeichenlehrer konnte der Vater gar nicht schlecht zeichnen, malen, Radierungen machen und in Holz schneiden.

Mit ihnen allen fühle ich mich verbunden. Sie gehören zu mir wie die vielen, von denen ich nichts weiß und die Bauern und Taglöhner waren. Auch ein Hofbediensteter aus Karlsruhe ist darunter, und vielleicht verdanke ich ihm, daß ich den Diener Anton Wasik aus Wien darstellen konnte, der die Veränderungen des Lebens zwischen 1880 und 1950 beobachtet hat. Ihm wurde sogar einmal vorgeworfen, er sei ein Quietist, wahrscheinlich weil er zwar vielerlei Widriges bemerkt, sich aber nicht empört. – »Sie beklagen sich ja nicht in Ihren Büchern – was ist denn das?« fragte mich ein emeritierter Professor der Literaturwissenschaft, während ein Monsignore und ein Kaplan sich verwunderten, daß ich in diesem Buch das Dienen dargestellt habe, von dem doch heutzutage niemand mehr etwas wissen wolle; es sei gewissermaßen aus der Mode gekommen.

Nun, ich durfte bei dieser Gelegenheit daran erinnern,

daß der Schriftsteller in unserer Zeit zuweilen auch als eine Art Sozialarbeiter auftritt, der zwar nicht mit Taten, dafür aber mit Wörtern wirkt. Und das sei schon eine Art Dienstbeflissenheit, die sich allerdings bei mir nur als Sympathie mit Randexistenzen oder Außenseitern manifestiere.

Im übrigen erlaube ich mir anzumerken, daß für mich die Figuren meiner Bücher wichtig sind. Unter ihnen gibt's Freunde und Feinde, und sowohl diese als auch jene gehören zu mir. Schamlose sind nicht darunter, und manchmal denke ich, das sei ein Fehler; denn heutzutage gehören Scham- und Rücksichtslosigkeit zum literarischen Handwerk. Aber ich schaff's nicht, und das bitte ich mir nachzusehen.

Nun, ich denke an Hermann Hesse, der geschrieben hat, heutzutage seien alle Möglichkeiten der Literatur erschöpft; es komme nur noch darauf an, ehrlich zu schreiben. Darum habe ich mich bemüht, auch in den Büchern, die in der Vergangenheit spielen. Es kam mir nicht darauf an, eine ferne Zeit zu verklären, sondern darauf hinzuweisen, daß damals andere Gegebenheiten oder Konstellationen wirksam waren, weshalb es möglich sein konnte, daß zwar die Luft besser und der Lärm geringer war, jene andern aber, die etwas anderes machen und tun wollten als nach Gelderwerb und Besitz zu streben, damals genauso verachtet wurden wie heute.

Kurt Tucholsky hat einmal gesagt, der Verfasser historischer Romane gebe in seinen Büchern ein genaues Bild der Zeit, in der er selbst lebt. Womit angedeutet wird, daß es nicht gelingt, die Mauern der Gegenwart zu durchbrechen. Immerhin wirkt es sozusagen bewußtseinserweiternd wie eine Droge, sich vorzustellen, man könne wegtreten in andere Räume, übrigens wie im Traum, der die

Wirklichkeit durchdringt; denn wer schildert das sogenannte »wahre Bild des Lebens«: dieser Autor, der sich realistischer, oder jener, der sich phantastischer oder surrealer Stilmittel bedient? Und ist nicht ein sogenannter »Impressionist« beispielsweise auch »Realist«? Und so weiter, je nach dem, was einer bevorzugt und wie er veranlagt ist. Eine vollsaftige und deftige Natur wird jedenfalls handfeste Wörter bevorzugen und am Ende gar diese Vorliebe zu einem System ausbauen, falls ihr danach zumute ist; denn in der Kunst ist alles erlaubt.

Ich gehöre wohl eher zu den zögernden Naturen, die abwarten; übrigens wie Margot von Sy aus der Romantrilogie *Der innere Bezirk*. Ja, ich habe mir erlaubt, hierin einige Adlige auftreten zu lassen, nachdem in *Der russische Regenbogen* eine russische Zwangsarbeiterin zu Wort kommt, die lakonisch und, ihren Erlebnissen entsprechend, in hart abgeschnittenen Bilderfolgen erzählt, während Margot von Sy anfangs zögernd und stockend, eine Stolpernde gewissermaßen, berichtet und hilfloser dasteht als die russische Medizinstudentin, die in anderen Verhältnissen herumgestoßen wird als die nach deprimierenden Erfahrungen vorsichtig und distanziert gewordene Margot von Sy. Sie ist die Tochter eines Obersten, und ich erinnere in diesem Zusammenhang daran, daß sich Menschen zu allen Zeiten verfeinern und einen Typus hervorbringen können, der besonders im Stadium der Adoleszenz überraschend wirkt. Solche Verfeinerungen kommen in allen Schichten vor, und immer wieder fallen da und dort Menschen auf, die so reaktionsfähig sind, daß sie rascher kombinieren und differenzierter empfinden können als andere. Allerdings kann eine solche Veranlagung zu neurotischen Veränderungen führen.

Doch dies nebenbei und als Hinweis auf gewisse Figuren in meinen Büchern, die befremdend wirken, weil sie allzu verletzbar erscheinen, wie beispielsweise die Hauptfigur meiner Erzählung *Erinnerung an Eduard*. Damit ist Mörike gemeint, dessen Sensibilität so dargestellt wird, wie sie mir in vielen seiner Briefe deutlich wurde.

Mörike betreffend, habe ich, seit mir zu meiner Konfirmation Anno 1927 (lang, lang ist's her) Mörikes Werke in vier Bänden geschenkt wurden, viel gelesen, und seine Gedichte begleiteten mich in einer gebundenen Reclam-Ausgabe seit 1929 unter anderem auch nach Frankreich, Rußland und Amerika.

Seitdem nehme ich dieses Buch auf jede Wanderung und jede Lesereise mit. Auch hierher hat es mich begleitet. Es sieht allmählich recht abgewetzt aus.

Es dürfte also angenommen werden, Mörikes Gedichte hätten mich am intensivsten von allen Literaturerzeugnissen beeinflußt, doch wurde dies bis heute noch nicht festgestellt. Es kann also noch kommen, nur wird es dann zwar behauptet, aber nicht bewiesen werden; denn meistens wartet der Autor bei literaturkritischen Äußerungen vergebens auf den Beweis, obwohl der leicht zu erbringen wäre, weil in litteris so gut wie alles bewiesen werden kann. Darüber bin ich froh. Verlassen kann ich mich in der literarischen Sphäre wohl nur auf einen genau überlieferten Text und eine halbwegs stimmende Biographie. Ausdeuten kann jedermann alles so, wie er will, denn lesen und schreiben haben wir alle gelernt. Diese Einsicht läßt aufatmen.

Für meine Erzählung *Erinnerung an Eduard* habe ich zwar diese und jene Überlieferung benützt, mir aber hauptsächlich erlaubt, Szenen zu erfinden. Schließlich wird Mörike in meiner Geschichte lediglich vom Standpunkt des Otto Nestle aus gesehen, der Naturwissenschaften studiert und mit Mörike aufgewachsen ist.

Als ich zum erstenmal daraus vorlas, erfuhr ich, daß

man in Ludwigsburg nachgeforscht hatte, ob in der Biedermeierzeit dort einer namens Nestle gelebt habe. Dem Frager wurde jedoch die Antwort zuteil, zwischen 1800 und 1840 sei dort ein Otto Nestle nicht nachweisbar.

Vergangenheit und Gegenwart mischen sich ineinander, und wenn ich mir überlege, was ich erfunden und was ich für meine historischen Romane und Erzählungen an Überliefertem gefunden habe, so wird es mir zuweilen schwer, das eine vom anderen zu trennen. Der Roman *Die Begegnung* ist beispielsweise von A bis Z erstunken und erlogen, wenn ich so sagen darf. Er fiel mir nach einem Besuch des Schlosses Baldern bei Bopfingen ein. Es gibt also – leider, möchte ich sagen – kein »Urbild« der Pfarrfrau in Aalen, die »das wilde Luisle« genannt wird. Auch die Männer, die in der Geschichte auftreten, sind aus dem hohlen (oder vollen) Bauch herausgeholt. Lediglich die kraftstrotzende Frau Mannesmann könnte vielleicht einige Charakteristika aus verschiedenen lebenden Personen in sich aufgenommen haben. Wobei ich daran erinnern darf, daß bei jeder Figur, die in meinen Büchern – also auch den autobiographischen – auftritt, Beobachtungen an verschiedenen und Erfahrungen mit mehreren Menschen ineinander verschmolzen sind, so daß, streng genommen, alles fiktiv ist.

V. Vorlesung

Es gibt keine Trennung zwischen erfundener und »fotografierter« Literatur, falls ich so sagen darf; denn bei aller Gegenstandsnähe kommt immer die persönliche Art des Sehens mit ins Spiel. Oder ist vielleicht der Bericht über ein Fußballspiel im Fernsehen nicht fiktiv? Schließlich könnten doch hernach die Experten und Fans am Stammtisch nicht verschiedener Meinung sein, wenn die Fernsehreportage nicht auch fiktiv wäre.

Übrigens gut, daß dem so ist. Deshalb hat jeder recht. Die Wirklichkeit ist uns zu beliebiger Ausdeutung überlassen, jeder darf aus ihr machen, was er will, sie zurechtmodeln nach seinem Geschmack, denn – wie bereits bemerkt – Objektivität ist nur eine andere Form der Subjektivität, halt ein bißchen gedämpfter und weniger dramatisiert. Jeder Autor wird von seiner Natur bestimmt, und wenn ihm krasse Effekte zuwider sind, dann fallen sie ihm auch beim Schreiben nicht ein, selbst wenn sie ihm, des Erfolges wegen, vielleicht einfallen sollten. Dabei ist es gut möglich, daß derlei knallharte Kost ihn gerade deshalb amüsiert, weil er für sich andere Wirkungen (solche der intensiven Sorte) bevorzugt.

Da fällt mir wiederum meine Vorliebe für Arno Schmidt ein, die manchmal meine Frau und mich entzweite. Schmidt hat auf die Brutalität und Borniertheit der Außenwelt zuweilen mit verfratzter Empfindungsweise reagiert und sich als grob getarnt. Das haut hin, sagte ich zu mir selbst, entschloß mich aber trotzdem nicht zu einer rüden Darstellungsweise, weil ich auf der Seite derer stehe, die, wie der Kutscher August Kandel im Roman *Der Kutscher und der Wappenmaler*, zwar gerne tatkräftig wären und alle Großsprecher und Angeber insgeheim bewundern, sich aber doch, denn sie kennen ihre Grenzen, zurückhalten.

Ja, der Kutscher Kandel: eigentlich ein netter Mensch, finden Sie nicht auch? Da bemüht er sich, seiner Nichte klarzumachen, daß der Herr von Süßkindt ein widerlicher Typ ist, der bloß mit ihr ins Bett will und auch sonst nichts Rechtes im Sinn hat. Und es gelingt Kandel, sozusagen, und die Lili heiratet einen wackeren Geometer, ist aber auch nicht glücklich.

Wie's halt so geht. Und eigentlich ist es egal, sagt Kandel zu sich selbst, obwohl's ihm keineswegs egal ist. Das ist der Zwiespalt zwischen den Wünschen und der Wirklichkeit, an den man sich gewöhnen muß. Schöner oder angenehmer wär's natürlich schon, wenn sich die Wirklichkeit um Kandels Wünsche kümmerte, sich ihnen anpaßte; doch müßte sie dann auch den Wünschen des Herrn Wappenmalers gerecht werden, der hoch hinaus will, am liebsten eine Revolution anzetteln und sich oben hinsetzen würde, auf den Thronsessel des Königs. Und Kandel denkt: der ist fein heraus, weil er dahin und dorthin reisen und tolle Bekanntschaften machen kann. Schließlich aber merkt Kandel, daß der Wappenmaler eine dicke Hühneraugenschneiderin als Freundin hat, und um die beneidet er ihn nicht.

Ja, der Zwiespalt, diese unselige Verflechtung von Wollen und Können. Kandel bekommt sie zu spüren und fügt sich ein. Und nicht umsonst kommt immer wieder Marc Aurel vor, über dessen Buch der Kaiser Franz Joseph seinen Archivdirektor fragt: »Ist's dick?« – »Nein, ganz dünn«, beruhigt ihn der. Dann liest der Kaiser sogar ab und an ein bißchen in dem Büchlein und wundert sich, daß sein römischer Kollege zuweilen sogar Humor ins Buch gemischt hat.

Aber dies ist, Marc Aurel und Franz Joseph betreffend, nicht verbürgt, denn ich habe mir all dies nur vorgestellt und in *Dame und Scharfrichter* flüchtig erwähnt. Schließlich hat Franz Joseph keine Bücher gelesen, aber es ist angenehm, sich vorzustellen, er habe dies, zumindest Marc Aurel betreffend, trotzdem einmal getan.

Ja, Marc Aurels *Selbstbetrachtungen*: für mich ein wichtiges Buch. Ich grüble oft darüber nach, was er mit dem Wort »Leitvermögen« gemeint hat, wenn ich lese (VIII, 48): »Denke daran, daß unbezwinglich das Leitvermögen wird, wenn es in sich zusammengezogen an sich selbst Genüge findet und nicht tut, was es nicht will, auch wenn es sich ohne vernünftigen Grund widersetzte. Wie nun, wenn es gar mit vernünftigem Grund umsichtig über etwas urteilt? Deswegen ist eine feste Burg die von Affekten freie Denkkraft. Denn nichts Stärkeres hat der Mensch. Hat er da seine Zuflucht gefunden, so ist er in Zukunft unüberwindlich. Wer das nicht eingesehen hat, ist unverständig, wer es aber gesehen hat und sich nicht dorthin zurückzieht, verpaßt sein Glück.«

Im griechischen Text steht »Hägemonia« oder »Hägemonikon« oder »Hägemonika«, und ein anderer Übersetzer schreibt dafür »Denkweise« oder »Vernunft«, was mir abwegig erscheint. Ich meine, mit »Leitvermögen« sei die Möglichkeit der freien Entscheidung gemeint, die ein gefestigtes Selbstgefühl erzeugt. Oder anders ausgedrückt: »Wer weiß, daß er sich unbeeinflußt von anderen entscheiden kann, der ist auf dem rechten Weg.«

Übrigens meine ich, alle meine Figuren seien Einzelne oder Vereinzelte, gleichgültig, ob es sich um Kutscher, Kaiser, Diener, Offiziere, Dienstmädchen, Damen oder Soldaten im Mannschaftsdienstgrad handelt. Und ich fühle mich mit allen verbunden. Am nächsten freilich stehen mir kleine Leute, weil die, von denen ich herkomme, alle kleine Leute waren. Sie sind in meinen autobiographischen Romanen dargestellt.

1966 erschien der erste Band *Verlassene Zimmer*. In ihm beschrieb ich die Welt meiner Großeltern, wie sie mir aus Erzählungen der Eltern bekannt war. Der erste Teil des Romans schildert Vorgänge und Befindlichkeiten aus der Perspektive des Großvaters, der zweite aus dem der Großmutter. Sie ist es, die Eugen Rapp und seine Schwester Margret in einer Kleinstadt aufwachsen sieht.

Beide Teile des Romans enden mit dem Tod der Protagonisten. Dabei wird das Bild einer Wendeltreppe deutlich, die nach oben und dem Licht entgegenführt, was spöttisch charakterisiert wurde. Dies verwunderte mich nicht. Der Hinweis auf einen anderen Bezirk wurde als Mystifizierung des Todes verspottet, der ja damals (um 1970) entmythologisiert werden sollte. Freilich haben die Verfechter eines kompromißlosen Materialismus, oder wie man's nennen will, damit bis heute wenig Glück gehabt; denn es ist immer noch die Meinung lebendig, ohne das Gefühl, es sei etwas dahinter (hinter dem Leben nämlich), lohne es sich nicht, die irdischen Mühsale durchzustehen.

Dieses Gefühl läßt sich wahrscheinlich von keiner noch so konsequenten Ideologie austilgen, und mir kommt es vor, als sei der Wunsch, dahinterzuschauen, das, was jeden antreibt, der sich um Kunst bemüht. Bei der Beschreibung meiner Erfahrungen, sei's in erfundenen, sei's in erlebten Geschichten, meinte ich, es müsse gelingen, dann und wann eine Ahnung von etwas zu vermitteln, das zwar unsichtbar bleibt, aber beruhigt, weil es hinter den Erscheinungen vermutet wird. Am reinsten vermittelt dieses Gefühl wohl die Musik, obwohl Stifter die Dichtkunst über die Musik stellte, weil er glaubte, in ihr zeige sich Geistiges am reinsten. Er hielt – falls ich mich nicht täusche – den Geist für das Material der Dichtung und nicht die Sprache, wie die Theoretiker der konkreten Poesie verkünden. Von Philosophie und Politik, oder gar von einer Mischung aus beidem, wollte Stifter nichts wissen, denn er war Naturwissenschaftler und beschränkte sich in seinen poetischen Arbeiten auf Beschreibungen von Erscheinungen, die jedermann bemerkt. Trotzdem schaffen seine Erzählungen und Romane eine Welt, die als Gegengewicht gegen alles erscheint, was man »knallharte Wirklichkeit« zu nennen pflegt.

Das ist ein weites Feld, und ich nehme an, daß auch ich mich auf ihm bewege und bewegt habe. Dies wurde mir allerdings erst so richtig klar, als ich Untersuchungen über meine Bücher las, in denen mir eine deutliche Hinwendung zu Stifter nachgewiesen wurde. Beim Schreiben meiner Bücher freilich, oder gar beim Wandern im Bayerischen Wald, denke ich nicht an meinen hochwohllöblichen Kollegen. Das heißt: er fällt mir dann und wann ein, aber daß ich im Bayerischen Wald an der tschechischen Grenze herumzugehen und dort im Nachsommer Urlaub zu machen pflege, das verdanke ich nicht Adalbert Stifter, sondern einem Kollegen, der mich in Stuttgart eines Vormittags anrief und sagte: »Nächste Woche wandern wir zusammen im Bayerischen Wald, wie? Also, besorgen Sie sich solide Schuhe und einen Anorak, packen Sie einen Pullover, eine lange und eine kurze Unterhose in Ihren Rucksack. Sie brauchen eine Kniebundhose und Wanderstrümpfe, auch lohnt es sich, eine kurze Hose mitzunehmen. Man weiß ja nie, wie das Wetter wird, aber es kann ja auch mal schön warm sein. Eine Regenplane aber brauchen Sie auf jeden Fall, wenn nicht gegen den Regen, so um bei einer Rast darauf zu liegen. Schließlich wandert man ja nur, um zu rasten.«

Lauter Ratschläge eines erfahrenen Wandersmannes

also, die ich beherzigte. Ihm verdanke ich, daß ich vor meinem fünfzigsten Geburtstag das Wandern kennenlernte und im Bayerischen Wald dachte: hier gefällt es dir am besten.

Die Gegend war damals noch fast unbeleckt vom Wirtschaftswunder, und das tat wohl. Schließlich erinnerte ich mich daran, daß auch Stifter hier gewesen war, und wahrscheinlich wurde ich, zumindest seit mir dies wieder eingefallen war, von ihm beeinflußt, meistens natürlich indirekt durch die Luft des Bayerischen Waldes, die um 1960 besser als heute war. Aber sie soll ja wieder besser werden.

Jedenfalls nehme ich mir vor, in meinem nächsten Roman ein typisch stifterisches Wort zu gebrauchen und weiß auch schon welches. Es ist das Wort »Krauskopf«, das am Anfang des *Witiko* vorkommt, und ich werde es zur Charakterisierung des Schneidermeister-Sohnes benützen, bei dessen Eltern ich seit 23 Jahren einige Wochen im Frühling oder im Frühherbst zu verbringen pflege.

Doch hier wandeln wir bereits mitten drin im Autobiographischen, dem ich bis heute fünf Romane gewidmet habe. Beim Schreiben bemühte ich mich darum, nichts zu übertreiben, und meinte, in diesen autobiographischen Büchern werde – im Gegensatz zu meinen erfundenen Geschichten – lediglich *meine* Lebenspraxis abgehandelt, obwohl die natürlich auch in den fiktiven Erzählungen durchschlägt und indirekt zu Wort kommt. Schreib, wie du bist, sage ich zu mir, habe mir dies aber schon früher eingeschärft.

Die Geschehnisse hatte ich im Gedächtnis. Du brauchst sie nur einzuordnen, sagte ich zu mir, doch erwies sich gerade dies als verflixt und kompliziert. Jedenfalls war der Titel *Neue Zeit* ironisch, ja zynisch gemeint, weil nach 1933 immer wieder behauptet worden war, jetzt begänne eine neue Zeit. Und die Hitlerjugend sang: »Mit uns zieht die Neue Zeit.«

Sonst noch was? Nun ja, mancherlei ... erlaube ich mir hinzuzufügen und auf die Bücher zu verweisen, die mir die Mühe abnehmen, ausführlich zu werden; denn schließlich steht darin alles säuberlich gedruckt. Daß ich nichts an ihnen auszusetzen hätte, möchte ich nicht sagen. Aber besser machen konnte ich sie trotzdem nicht. Und was die Figur des Eugen Rapp betrifft, so erscheint sie mir da und dort allzu vereinfacht, als hätte ich mich um eine Volksausgabe meiner Person bemüht, doch war es anders nicht zu machen.

In *Andere Tage* fehlen allerdings einige Begegnungen mit verschiedenen Mädchen, denen ich in Heidelberg näher kam. Sie hätten ins Buch gehört, als Beispiel für jene Seelen-Lähmung, die mich damals befallen hatte, nachdem ich wußte: es lohnt sich nichts, weil der Hitler einen Krieg macht. Und leider war ich nicht bloß allein, sondern einsam.

Ein Graphologe erschrak, als ich ihm zwanzig Jahre später eine in Heidelberg beschriebene Manuskriptseite vorlegte, und sagte: »Was ist denn das?! Der steht ja vor dem Selbstmord. Sag wenigstens, ob's ein Mann ist oder eine Frau!«

Nun ja, lassen wir's beiseite. Und ganz so schlimm war's auch wieder nicht. Schließlich sprach ich damals sogar ein Mädchen an. Und weil die Angelegenheit Eugen Rapp widerfuhr, habe ich sie auch in der dritten Person Singularis erzählt.

Ich erlaube mir, noch einmal darauf hinzuweisen, daß es mir leichter fällt, etwas, das mich betraf oder betrifft, einem gewissen Eugen Rapp in den Mund zu legen oder in die Schuhe zu schieben, meine Erfahrungen in diese Figur zu projizieren und mich selbst aus Eugen Rapp sprechen zu lassen, als einzugestehen, daß ich es selber bin, von dem die Rede ist. Außerdem läßt sich von Eugen Rapp vereinfachter berichten, als dies in der Ichform möglich wäre. Dann würde alles verwickelter, und die Sätze fügten sich mühsamer zu einem Bild. Allerdings berichte ich hier in diesem Saal über mich selbst auch in der ersten Person und hoffe trotzdem, daß Sie mich verstehen.

Sie kommen herbei, diese Augenblicke und Ereignisse, an die ich mich erinnere. Aber darfst oder kannst du den Erinnerungen trauen? Sie verändern sich doch im Lauf der Jahrzehnte, obwohl ich, speziell in diesem Fall, nicht wüßte, was ich an ihnen mir zuliebe geschönt oder verhäßlicht haben sollte. Ein empfindlicher junger Mann kommt darin vor, dessen Reaktionen nicht übertrieben oder dramatisiert dargestellt werden. Jedenfalls bemühe ich mich darum, ein Bild meiner Erinnerung mit Wörtern darzustellen, die sich zurücktasten ins Vergangene. Vielleicht hätte ich den politischen Hintergrund von 1936/37 deutlicher machen sollen, aber dann hätte alles nicht mehr dem entsprochen, was sich abgespielt hat. Schließlich war ich damals darum bemüht, die rüde und für mich schmerzhafte Zeitstimmung zu neutralisieren. Und was die Empfindungen anging, so mußten sie gezügelt, gedämpft und in dünne Kapillaren gepreßt werden. Eine Schülerin, die einen Studenten kennenlernte, von dem sie nicht wußte, ob er, vielleicht dort hinten in Stuttgart, eine Freundin hatte, mußte sich, wenn sie zudem Halbjüdin war, so vorsichtig verhalten wie nur möglich; abgesehen davon, daß niemand dem anderen trauen konnte und es drum nötig war, möglichst jede Andeutung auf politische Zustände zu vermeiden.

Es war alles recht heikel und nicht besonders beneidenswert. Und ich verschwieg in meinen Tagebuchnotizen die Reise ins elterliche Haus der Gewürzgurkenfabrikantentochter ebenso wie mein Zusammentreffen mit dem Mädchen, das angeblich eine Pfarrerstochter war. Denn ich führte damals ein genaues Tagebuch, in dem ich mich um Nüchternheit bemühte. Als ich *Andere Tage* schrieb, las ich die angegilbten Seiten wieder und hielt mich bei der Niederschrift möglichst dicht an den alten Text. Allerdings kürzte ich Beschreibungen von Sommerstimmungen in den Villenvorgärten hinter hohen Ahornen und Platanen, wo im ovalen Teich ein Springbrunnen klatschte, während alle Fensterläden dicht verschlossen waren.

Heute denke ich: du hättest alles aus deinem Tagebuch übernehmen und jedes in der Stille knackende Fahrrad deinem Romantext einverleiben sollen, was wohl töricht ist. Denn einmal ist das Buch längst abgeschlossen, also »die Katz da Bach naa«, zum anderen würde, wenn ich alles Weggelassene noch ins Buch brächte, das Ganze nicht besser.

Immerhin, es wäre vielleicht gar net schlecht, wenn ich eine Szene noch eingefügt hätte, die mir immer wieder einfällt. Sie steht nicht im Tagebuch, ich habe sie nur in meiner Erinnerung, und dort sehe ich mich mit einem anderen am Ende der alten Brücke stehen. Drüben liegt Heidelberg mit der rötlichen Schloßruine, und wir sprechen über die Zeit vor 1933, damals in Tübingen. Der eine, nennen wir ihn Eberhard, war damals in einer studentischen Verbindung, die keine Mützen und Bänder trug und deshalb eine schwarze genannt wurde. Auch ich hatte dort einer solchen angehören müssen, nur war meine weitaus weniger fein als die des Eberhard gewesen. Dafür kochte es in der meinigen von Spannungen politischer Art, weil der Fuchsmajor Führer des Nationalsozialistischen Studentenbundes war. Ich sagte: »Bei uns ging's wüst zu«, und beneidete Eberhard nachträglich um die gemäßigte und politisch neutrale Stimmung, die in seinem

»Bunde«, wie man damals sagte, geherrscht hatte. Und er erwiderte: »Ja, ihr wart nicht besonders angesehen«, worauf ich lächelte und ihm kopfnickend zustimmte.

Ja, so ist's damals gewesen. Die feinbürgerlichen Studenten verachteten zwar vor 1933 die braunen Rabauken, gingen aber, nachdem diese die Macht errungen hatten, zu ihnen über; übrigens wie Arbeiter und Bauern.

All dies dürfte Ihnen längst bekannt sein, aber wenn Sie darüber Näheres erfahren wollen, so wäre mein Roman *Andere Tage* vielleicht als Diskussionsgrundlage brauchbar. Ich habe darin alle Geschehnisse teils von der Schwester Eugen Rapps, teils aus seiner eigenen Perspektive dargestellt, während in *Neue Zeit* außer einer Passage, in der die Mutter zu Wort kommt, alles von Eugen Rapp aus betrachtet wird.

Für *Neue Zeit* hatte ich keine Tagebuchnotizen zur Hand, weil ich im Krieg nur Gedichte und erfundene Geschichten aufgeschrieben habe. Ein Autor sagte zu mir, er habe in seinen Erzählungen nichts Grausames und Brutales dargestellt, denn diese Seite des Krieges habe er verschwiegen. Ich stellte alles so dar, wie mir's begegnet war, weil ich dachte, das Dämonische sei charakteristisch für den Krieg. Und es verwunderte mich nicht, daß ich so gut wie alles, was mir zu erleben aufgezwungen worden war, beim Niederschreiben aus dem Gedächtnis heraufholen konnte.

Als ich *Tagebuch vom Überleben und Leben* schrieb, hielt ich mich an mein Tagebuch von 1946/47, in dem ich wieder mal versucht hatte, alles so darzustellen, wie es war. Daß ich daneben jene bodenlosen Geschichten schrieb, die in den Band *Das doppelte Gesicht* aufgenommen wurden, erstaunt mich nicht, weil ich damals vom massenhaften Morden und Triumphieren des Dämonischen verstört war und mich über die Menschen wunderte, die alles schon wieder vergessen zu haben schienen.

Dann kam das Wort von der »Bewältigung der Vergangenheit« auf, und ich dachte: wie soll man das fertigbringen? Vergangenheit ist, ähnlich dem Lavagestein. Daß ich mir hernach in meinen Büchern alles vergegenwärtigte, sozusagen Schritt für Schritt und auf »realistische« Weise, wie man zu sagen pflegt, dies geschah ohne Programm. Keine Ideologie will mir taugen, wenn es gilt, Vergangenes deutlich zu machen. Nur die persönliche Erfahrung ist aufzuspüren, falls ich so sagen darf; denn ich zweifle die Wörter an, die sich mir anbieten, wenn es gilt, den Prozeß der Fixierung des Vergangenen zu beschreiben. Jedenfalls »dingfest« machen, ein Wort, das manchmal in kritischen Äußerungen auftaucht, kann ich da nichts, wahrscheinlich weil ich nicht zum Geheimpolizisten tauge.

In dem Buch *Ein Fremdling* habe ich die fünfziger Jahre aus der Sicht Eugen Rapps dargestellt. Dabei kommt es mir vor, als sei es förderlich gewesen, daß ich auch für diese Zeit so gut wie keine Tagebuchnotizen zur Verfügung hatte. Ich mußte mich wieder mal nur auf mein Gedächtnis verlassen, und weil dieser Eugen Rapp auch einmal zur Gruppe 47 eingeladen wird, versuchte ich, alles so darzustellen, wie es mir damals auf der Tagung in der Laufenmühle bei Welzheim erschienen ist.

Ich wußte inzwischen, daß dort Heinrich Böll den Preis der Gruppe nicht bekommen hatte, mir aber war's so erschienen, als sei er ihm damals durch Akklamationen zugesprochen worden. Dabei hatte er lediglich abends außer Konkurrenz einen Abschnitt aus seinem Roman *Wo warst du Adam?* vorgelesen. Hans Werner Richter hatte ihn und zwei andere mit den Worten eingeführt: »Jetzt lesen unsere Klassiker.«

Dies als nachträgliche Berichtigung, die mir von einem

genauen Leser meines Romans *Ein Fremdling* nahegelegt wurde, obwohl ich auch hier der Meinung bin, bei einer Darstellung vergangener Ereignisse aus der Sicht einer Romanfigur komme es darauf an, alles so darzustellen, wie dieser Figur das sogenannte »Wirkliche« erschienen ist. Was aber ist »wirklich?« Damit wären wir wieder bei der Frage, die ich am Anfang gestellt habe. Leben und schreiben – Autobiographie und Fiktion: ich habe darüber Auskunft zu geben versucht an Hand meiner Bücher. Die Beziehung zwischen beidem ist fließend, wie man gemeinhin sagt. In meinem Buch *Die Begegnung* finden Sie nur Erfundenes. Das Grundmuster der Ereignisse oder, einfacher gesagt: was in dem Buch geschieht, das fiel mir nach einer Wanderung mit dem Rucksack in der Gegend um Nördlingen ein, wo ich mir die Schlösser in Baldern und Harburg anschaute. In *Der Kutscher und der Wappenmaler* erinnert der Geometer Zaininger an einige Charakterzüge des Vaters von Eugen Rapp, obwohl der weder Gitarre spielte noch beim Wandervogel war wie der alte Zaininger. Und sein Sohn ist weder gleich Eugen Rapp noch gleich Hermann Lenz, weil weder dieser noch jener eine abgeschlossene Buchhändlerlehre in der Hekkenhauer'schen Buchhandlung zu Tübingen aufzuweisen hat. Die hat nur Erich absolviert. Wer aber das *Stuttgarter Neue Tagblatt* von 1900 gelesen hat, der weiß, daß die Hühneraugenschneiderin Fräulein Allgaier, mit der der Wappenmaler Fuchsberger entweder verheiratet ist oder bloß ein Verhältnis hat (genau weiß man's nicht), daß dieses Fräulein Allgaier tatsächlich Anno 1900 in der Hauptstätterstraße zu Stuttgart abgestiegen ist und ihre Hühneraugenschneiderpraxis in einer Anzeige mit dem Zusatz »Ohne Messer!« bekanntgemacht hat, wie dies im Buch vorkommt. So etwas heißt man »historische Treue«.

In der Geschichte des Dieners Anton Wasik aber tritt

Henry Conin als Diener im Französischen Konsulat auf, und der wohnt später in Stuttgart, ebenfalls im Französischen Konsulat, wie es in *Verlassene Zimmer* steht. Anton Wasik aber hat sein eigenes Schicksal wie Margot von Sy in dem Buch *Der innere Bezirk*. Dort jedoch tritt ein Student und Soldat namens Arnold auf, der an Eugen Rapp erinnert. Und sogar in *Spiegelhütte*, einem ganz und gar aus der Luft gegriffenen Buch, erinnert die Motorradfahrerin Senta Sonnensperger an Lion Geldmacher, eine Jurastudentin, der Eugen Rapp 1934 am Bodensee begegnet. Dieselbe ist damals auch mit dem Studenten Arnold aus *Der innere Bezirk* bekannt geworden. Im Wien der Jahrhundertwende aber ist sie mit dem jungen Adeligen Stephan Clary befreundet, allerdings nur für kurze Zeit. Dort in Wien und um 1900 ist sie Cabarettsängerin und macht einen Selbstmordversuch. Und die Schwester des Stephan Clary heißt Margit. Sie ist munterer und agiler als der verträumte Stephan, während der g'spässige oder seltsame Eugen Rapp eine Schwester namens Margret hat. Und diese Margret ist enorm lebenskräftig, habhaft, grob und hiesig.

Wie's halt so geht, jedenfalls in meinen Büchern. Figuren tauchen darin auf, die sich ähneln oder die den Leser verwandt anmuten, und mir will's scheinen, als verhielte es sich so bei allen Schriftstellern, denen es auf so etwas wie Intensität ankommt. Andere sind um Extensität bemüht, und die werden wohl einen Kosmos vielfältiger Gestalten ausbreiten. Alle aber holen ihre Bilder und Figuren aus der eigenen Erfahrung, und je weiter alles zurückliegt, je weiter entfernt die Lebensumstände der Autoren von den Lebensumständen der Gegenwart sind, desto gereinigter von Alltagsschweiß erscheinen ihre Bücher. Was sie erzählen, die alten Kollegen, das wird zum Mythos, weil niemand mehr ihre Lebensumstände kennt. Darum sind sie zu beneiden.

Autobiographie und Fiktion schmelzen beim Schreiben ineinander, und deshalb meine ich, alles Geschriebene sei fiktiv, eine erfundene Geschichte. Das Leben, während es gelebt wird, hat für jeden, der mit einem anderen Menschen aufwächst oder zusammenlebt, eine ganz und gar andere Gestalt. Schreibt einer etwas auf, das von früher erzählt, so wird, auch wenn sich der Schreiber darum bemüht, sein Erinnerungsbild so präzis wie möglich zu fixieren, jeder, der ihn kennt oder für längere Zeit gekannt hat, sagen: Das war doch alles da und dort ganz, ziemlich oder ein bißchen anders. Und also gibt es keine »objektive Wirklichkeit«.

Nun, das wär's. Wie Sie bemerkt haben, war dann und wann Ironie im Spiel, aber die ist ein weites Feld. Wenn ich zurückschaue auf diese Randbemerkungen, so stelle ich fest, daß ich in allem, was ich verlauten ließ, das Diktum Ernst Jüngers »Wer sich selbst kommentiert, geht unter sein Niveau« außer acht gelassen habe, wahrscheinlich weil ich mir nicht zutraue, mein Niveau selbst zu bestimmen. Dies sei anderen überlassen, falls sie alles unbefangener prüfen können, als dies mir möglich ist; denn schließlich bin ich, meinen eigenen Hervorbringungen gegenüber, befangen, weil ich sie nicht erklären kann.

Mir geht es beim Schreiben letzthin um etwas Immaterielles, und ich meine, es sollte, zumindest auf dem Papier und mit dem Zaubermittel der Wörter, möglich sein, hinter Geld, Beton, Blut und Schweiß jenen anderen Bezirk spürbar zu machen, den man früher »das Metaphysische« genannt hat; wobei es mir so vorkommt, als sei das Metaphysische nichts anderes als das Bewußtsein des Todes. Doch es sollte sich Licht ausbreiten zwischen den Wörtern, damit die Welt heller wird, zumindest in den Büchern.

Fünf Portraits

Mörike

Als Fünfzehnjähriger ging ich mit meinem Vater auf einer heißen und staubigen Landstraße zwischen Münsingen und Urach. Wir waren froh, in den Wald zu kommen, wo meines Vaters knorriger Wanderstock ins damals bereits betonierte Bett des Baches fiel, der den Uracher Wasserfall speist. Wie eine Schlange schwamm der Stock davon und fiel im Wasserfall hinunter, den ich mir mächtig schäumend gedacht hatte. Und nun dieses idyllisch gebogene Rinnsal ...

Ich kannte Mörikes Gedicht *Besuch in Urach* und bewunderte den Dichter, weil er – jedenfalls stand es so im Gedicht – der »Wassersäule« die nackte Brust geboten hatte, um herauszufinden, ob sie ihr »sich teile«. Trotz meiner Enttäuschung ob des zierlichen Wasserfalls wagte ich dies nicht.

Übrigens holte mein Vater seinen Wanderstock von den Steinen, in die der Wasserstrahl stäubend hineinstößt, und ich erinnerte mich, daß Mörike hier zuweilen eine Waldhütte besucht hatte, von der ich dachte, vielleicht habe sie Forstarbeitern als Unterschlupf gedient. Sie wird im Gedicht erwähnt.

Seitdem beneide ich Eduard Mörike, weil er sich in sie zurückziehen konnte. Er berichtet auch von einem »jungen Arm«, der sich dort mit »inn'gem Wohlgefallen« um seinen Hals geschlungen hat. Derselbe gehörte seiner Base Clärchen Neuffer, dem Pfarrerstöchterle von Benningen, das Mörike zeitlebens in Erinnerung blieb. Sie war so alt wie er, und ihretwegen hat er auf seine Zeichnung des Benninger Pfarrhauses »O Herz, hör auf zu schlagen!« geschrieben. Das ist die Zeile eines Terzetts aus *Don Juan*.

1821 schrieb Mörike an Waiblinger: »Ich nannte einst ein Wesen mein, wie du eines dein nanntest ... Ich hab's auch verloren, aber trauriger; – denn zu einem andern ist's übergegangen.« Damit ist Clärchen Neuffer gemeint, der Mörike sein frühestes Gedicht *Erinnerung* gewidmet hat, dieses »Erzählgedicht«, wie man in unseren Tagen zu sagen pflegt. Und weil ich mich als Siebzehnjähriger ebenfalls in diesem Genre geübt habe, bewunderte ich Mörikes selbstverständliche Meisterschaft, die ihm zeitlebens zu eigen war, denn alle seine Gedichte halten sich auf demselben Niveau.

1822, als Achtzehnjähriger, hat er *Erinnerung* so geschrieben, wie's in der ersten Ausgabe steht, und 1865 gab er dem Gedicht die endgültige Form; wobei angemerkt werden darf, daß jede seiner Umarbeitungen die entsprechenden Gedichte vollendet hat. Sie wurden durch Umarbeiten nur besser.

Erinnerung steht mir auch deshalb besonders nahe, weil ich als Kind in Künzselsau bei der Kirche wohnte und Küfer Siller neben uns seine Werkstatt hatte. Deshalb haben mich in diesem Gedicht – übrigens in seiner endgültigen Fassung – »Nachbar Büttnermeisters Höfchen« und der »Ton der Orgel / Durch die Stille ringsumher« am Sonntagnachmittag immer wie eigene Erinnerungen angerührt, die in der frühen Fassung dieses Gedichts nicht erwähnt werden.

An Clärchen Neuffer erinnert auch das Gedicht *Vicia faba minor*, wie die Feldbohne oder Wicke auf Lateinisch heißt. Ihre Blüte ist seit alters den Toten heilig, und weil Clärchen Neuffer 1837 gestorben ist, hat Mörike im selben Jahr dieses Gedicht zu ihrem Andenken geschrieben, das immer noch das Erotische so fühlbar macht, wie es in den Peregrina-Gedichten zu spüren ist.

Sie stehen am Schluß des Bandes, und Mörike hat sie

als Zwanzigjähriger geschrieben. Zwei dieser Gedichte haben in der ersten Ausgabe noch nicht ihre endgültige Form, weshalb ein gelehrter Freund zu mir sagte, hier stünden die Peregrina-Verse noch so, wie sie »heiß aus der Küche« gekommen seien. Erst in der Ausgabe von 1867 sind auch das dritte und das fünfte Gedicht dieses Zyklus so geformt, wie wir sie kennen.

Dabei darf noch einmal daran erinnert werden, daß Mörikes Änderungen in jedem Fall das erreicht haben, was man Vollkommenheit nennt. Er hat keine anschauungskräftigen Wortbilder seiner Jugend später klassizistisch gemäßigt und abgemildert, wie dies Goethe zuweilen (in *Willkommen und Abschied*) praktizierte, obwohl man auch bei Mörike darüber streiten kann, ob im Gedicht *Der Feuerreiter*, das hier als *Romanze vom wahnsinnigen Feuerreiter* mit einem Hinweis auf *Maler Nolten* präsentiert wird – ob also in diesem Gedicht der Vers »Horch, das Jammerglöcklein grillt« eindrucksvoller ist als der spätere: »Horch! Das Feuerglöcklein gellt«, wie man ihn in der Ausgabe letzter Hand findet. Mir freilich ist auch *Der Feuerreiter* in seiner letzten Fassung am liebsten.

Dieses Gedicht stammt ebenfalls aus dem Jahr 1824 und zeigt jenen dämonischen Hintergrund, der zu Mörike gehört, übrigens ebenso wie die Ur-Erinnerungs-Strophen, die »An einem Wintermorgen vor Sonnenaufgang« überschrieben sind und ein Jahr nach dem Peregrina-Zyklus und dem *Feuerreiter*-Gedicht entstanden sind. Hier werden die Elemente beschworen, wie sie sich im Erwachen offenbaren. Die Seele erscheint als »Kristall«, der Geist »flutet« und »scheint zu ruhn«. Das Ineinanderfließen von Traum und Wachen wird fühlbar, und die Sinne erscheinen geschärft und erfrischt. Luft und Wasser und Bilder des christlichen Glaubens werden ebenso lebendig wie »weinbekränzter Jugend Lustgesänge«, die heidnisch anmuten, wie man im neunzehnten Jahrhundert gesagt hätte. Dazu die wechselnden Empfindungen vom »Gefühl entzückter Stärke« bis zum »Blick von Wehmut feucht« und dem »verloren Glück, was mich erweicht«. Und vielleicht ist in diesem Wintermorgen-Gedicht alles zu finden, was Mörike zeitlebens bewegt hat. Es ist ein kosmisches Gedicht.

Hermann Kurz hat dieses Gedicht an den Anfang gestellt, und seiner ist hier zu gedenken; denn Mörike hat ihm die Anordnung der Gedichte der Erstausgabe überlassen, wahrscheinlich weil er dachte, Kurz wisse besser als er, was ein literarisch gebildetes Publikum erwartet; denn Kurz war das, was man einen »freien« Schriftsteller nennt.

Nicht umsonst hat er das Wintermorgen-Gedicht an den Anfang gestellt. Es erinnert an den Beginn aller Tage und imaginiert den Zustand der Welt im Augenblick der Schöpfung. Ein Hauch von Neubeginn ist jedem Morgen eigentümlich, und im übertragenen Sinne muß auch von uns, wenn der Tag anfängt, die Welt neu erschaffen werden; wobei an Goethes Gedicht *Zueignung* zu erinnern wäre, das der Meister seinen gesammelten Gedichten vorangestellt hat und das den Morgen beschwört. Allerdings gibt es bei Mörike keine allegorischen Bezüge.

Gewidmet ist die Sammlung Wilhelm Hartlaub, dem »Ur- und Erzfreund«, wie ihn Mörike zu nennen pflegte. Neben Urlaub sei ihm Hartlaub das liebste Laub, hat er in einem Brief vermerkt, und in die zweite Auflage seiner Gedichte, statt der Widmung auf der Widmungsseite der ersten, jene Verse eingefügt, die »An Wilhelm Hartlaub« überschrieben sind. Sie beschreiben die Harmonie von Musik und Natur und machen die Lebensordnung einer Familie sichtbar; denn Hartlaubs männliche Einfachheit hat Mörike gestärkt. Dessen Labilität, das sich beständig

Verwandelnde, auch Vexatorische seines Wesens spiegelt sich in den Gedichten, von denen die frühen die Motive von Verführung und Treulosigkeit auf schmerzhafte Weise variieren. Wie er verstört und erschüttert wurde, wie gefährdet er war, dieser Hochempfindsame mit seinem Schwanken zwischen Hingabe und Selbstbewahrung, dies lassen die Peregrina-Gedichte ahnen, denn alles, was ihm begegnet, trifft ihn im Innersten.

Der Humor freilich, die Fähigkeit, sich der Ahnungen und Erschütterungen durch Späße zu entledigen, die hilft ihm weiter.

Auch *Des Schloßküpers Geister zu Tübingen* gehört zu den Jugendgedichten, in denen das Visionäre vorherrscht, nur zeigt es sich hier sozusagen ohne Körper- und Seelenhitze, dafür aber humorig verschnörkelt. Und ich erlaube mir zu bemerken, daß mich dieses Gedicht an die moosigen Quadersteine im Tübinger Schloßgraben erinnert, wo ein Pförtlein bemerkbar war, das wohl in einen schlichten Bierkeller führte, mich aber anmutete, als ob ich dahinter in einen Bezirk zwischen hüben und drüben käme. Und was die Geister des Schloßküpers betraf, so trug von denen zumindest der Weinkönig eine rote Zipfelmütze. Dazu die sprachliche Patina, deren sich der Beschwörer jener »ganz charmanten Leut« aus der Zopf- und Puderzeit befleißigt, die gehört nicht nur zum romantischen Erbe, sondern auch zur Natur dessen, der dieser Geister zum erstenmal ansichtig wurde und, besonders in späteren Jahren, auch fürs Antiquitätensammeln eine Schwäche hatte.

Vielleicht ist die Menschennähe an Mörikes Gedichten das, was sie von anderen unterscheidet. Außerdem will er in ihnen niemanden verbessern oder keine Mißstände brandmarken, die Welt nicht verändern. Er stellt nur dar, wie sie ihm erscheint, und überall ist sein Persönliches wirksam, weshalb jedem, der über seine Gedichte schreibt, immer wieder Beziehungen zu Mörikes Nächsten einfallen, die er aus den Briefen kennt. Bei Hartlaub zum Beispiel wird desssen früh verstorbenes Töchterlein Agnes lebendig, die er seine »Base Gnes« und seine »Scharmante« genannt hat und für die er im Garten des Cleversulzbacher Pfarrhauses Verse machte wie: »Dein Vater muß studieren, / Die Predigt memorieren, / Die Predigt, meiner Treu. / Ob er sie seinen Bavvern, / Tscherkessen oder Kaffern / Hält, dieses ist ganz einerlei.« Aber das liegt außerhalb dieser Betrachtung.

Trotzdem gedenke ich der Gedichte, die in späteren Auflagen erschienen sind und ebenso gewürdigt werden sollten wie die der Erstausgabe; denn Intensität und artistisches Niveau halten sich bei Mörike die Waage. *Der alte Turmhahn* zum Beispiel ist für ihn ebenso charakteristisch, wie *Verborgenheit*, *Auf ein altes Bild* oder *Die Visite*, ein Gedicht, das Mörikes poetische Maskenschlüpferei illustriert, falls ich so sagen darf. Und *Ach, nur einmal noch im Leben* von 1845 und *Auf eine Christblume* oder gar *Erinna an Sappho* und *Bilder aus Bebenhausen*, die alle der Spätzeit angehören, führen in dieselbe Sphäre wie *Gesang Weylas*, auch wenn sie, sozusagen, bescheidener gekleidet sind. *Die schöne Buche* von 1842 aber, ein Gedicht, das zum erstenmal in der zweiten Auflage erscheint, wurde als sogenanntes Ding-Gedicht berühmt, eine Form, die fünfzig Jahre später, hauptsächlich von Rilke, aufs äußerste verfeinert wurde.

Bei Mörike hält sich alles noch in klassischer Anschauung, für die *Erinna an Sappho* (1863) das vollendete Beispiel ist und Mörikes wechselvolle Lebensstimmung enthält: diesen mit »lebendigen Sinnen traulich vermählten Geist«, der ihn zwar mit »fremdendem Ernst«, aber »lächelnd halb« anschaut und, dieser zwiespältigen Empfindung wegen, »ein Dämon« genannt wird.

Jedenfalls machen Mörikes Gedichte alle Gefühls-Schattierungen gegenwärtig: Die Unschuld der *Begegnung*, hinter der heimliches Bescheidwissen spürbar wird, die Regenfrische des mit seiner Geliebten trutzenden Jägers, dessen »Schuß zum Zeitvertreibe« auch dem Leser das Mark im Leibe erfrischt und der (in Gedanken) wie der Jäger mit nassen Locken zu ihr zurückstürmt, um sie ums Mieder zu fassen. Auch die distanzierte Kenntnis zwischenmenschlicher Beziehungen, wie man heute sagt, im Gedicht *Rat einer Alten* ist überraschend, weil sein Verfasser, als er's niederschrieb, nicht achtundsechzig, dafür aber achtundzwanzig Jahre alt war. Und die Dämonie der »schlimmen Greth«, die »ein lustig Totenlied« singt, während sie ihren Königssohn über das Meer trägt, hätten wohl wenige vom sogenannten Idylliker Mörike erwartet, den Heine verspottet hat. Wobei anzumerken ist, daß in der umgearbeiteten Fassung »Sie heult ein grausiges Totenlied / Und wirft ihn in das Meer« steht.

Alles ist hier zu finden: Die klare Empfindung des »Jägerliedchens« mit seinen tausendmal so hohen Gedanken treuer Liebe ebenso wie die Untergangsstimmung der »traurigen Krönung«, die reinigende Klarheit, die *Mein Fluß* ausstrahlt, auch wenn man weiß, daß Mörikes Mutter, als sie die Überschrift dieses Gedichts im Manuskript las, meinte, Eduard habe ein Gedicht auf seinen Rheumatismus gemacht, der damals »Fluß« genannt wurde. Und Wilhelm Raabe begann um 1870 seinen Eintrag ins Stammbuch der Sängerin Pauline Viardot-Garcia mit den Versen: »Zierlich ist des Vogels Tritt im Schnee / Singt Professor Eduard Mörike«.

Er war kein Sonderling in Schlafrock und Pantoffeln, als

den ihn verschiedene seiner Kollegen auch heute noch vor Augen haben, wahrscheinlich weil sie nur Gutzkows oder Lukács' stereotypes Vorurteil kennen. Aber schließlich ist Mörike anderen Menschen auch nur ausgewichen, wenn sie ihm zuwider waren. Und er konnte sich wehren, wie die sarkastischen Verse von *Abschied* verraten, aus denen der Liebhaber von Lichtenbergs *Sudelbüchern* spricht.

Auch heute noch vermissen mehrere philiströse Literaturbeflissene bei Mörike eine »Tendenz« oder jene »aktuellen Bezüge«, die zeitadäquate Kritiker zu fordern pflegen. Der Ästhetiker Friedrich Theodor Vischer war – ohne es zu ahnen – zumindest teilweise aus demselben Holz geschnitzt, und deshalb schmunzelt ihm Mörike im Gedicht *An Friedr. Vischer, Prof. der Aesthet. etc. Mit meinen Gedichten* oder später in *An einen kritischen Freund* eins zu; denn Vischer gehörte zu denen, die Mörike mit gedämpften Wörtern der Faulheit ziehen. Er legte ihm nahe, etwas zu schreiben, das man heutzutage »Gegenwartsromane« nennen würde. Daß Mörike auch jene Sphäre durchschaute, die man »Literarisches Leben« nennt, erhellt aus dem Distichon *Auskunft*. Und was seine »Pastoral-Erfahrung« betrifft, so präsentiert sie sich ebenfalls mit der gebührenden Nüchternheit. Nicht zu verachten auch Johann Jakob Wendehals, der bei den Pflanzen »obbemeldeten Wasserfalls« tanzt, während der widerwillige Konsument windelweicher Poesien, die ihn »mauserig dumm« machten, im Garten einen herzhaften Rettich ausreißt und bis auf den Schwanz frißt, um zu genesen.

Übrigens hat Wilhelm Hartlaub Mörike nahegelegt, bei der zweiten Auflage jene scharfen Rettichgedichte auszumerzen, die »An einen Prediger«, »Pastor an seine Zuhörer« und »Neutheologische Kanzelberedsamkeit« überschrieben sind. Mörike ist dem Rat des Freundes gefolgt, wahrscheinlich weil's auch ihm jetzt als starkes Stück erschien, einen Pfarramtskollegen als Hörnleinträger zu apostrophieren, bei dessen ehrgeizbuhlender Predigt »Satanas lacht«, oder sich selbst als Pastor zu präsentieren, der allen Zuhörern, denen er nicht gefällt, rät, zu einem andern zu gehen, der ihnen »die Zähn' mit dem Stiefelknecht auszieht«.

Alle diese Gedichte gehören zu denen, die Mörike als das ausweisen, was man früher einen »gesetzten Dichter« genannt hat. Auch Goethe wurde als solcher bezeichnet und bemerkte dazu, wahrscheinlich habe jener Zeitgenosse damit sagen wollen, er sei, obwohl Dichter, auch noch ein vernünftiger Mensch; eine Bezeichnung, die Mörike ebenfalls für sich in Anspruch nehmen könnte, zumindest, wenn man sein Gedicht *An meinen Vetter* liest, dem in der zweiten Ausgabe die Datierung »Juni 1837« hinzugefügt wurde. Darin wird in würdigen Trochäen jener Spezies gedacht, die Mörike »Sommerwesten« zu nennen pflegte, weil sie »etwas Sonniges in ihrem Wesen« haben und sich als »weltliche Beamte, / Rechnungsräte, Revisoren, / Oder Kameralverwalter« mit Dingen beschäftigen, die möglichst wenig lyrisch sind. Als spezieller Liebhaber dieses Gedichts erlaube ich mir anzumerken, daß ich es für bemerkenswert hielte, wenn es mir, wie Mörike, ermöglicht würde, in der »Post« zu Besigheim eine Suppe zu speisen, »Darin rote Krebse schwammen, / Rindfleisch mit französ'-schem Senfe, / Dazu liebliche Radieschen, / Dann Gemüse und so weiter«. Allerdings müßte auch die Möglichkeit bestehen, nicht nur metaphorisch, sondern realiter einmal nach den Pferden zu schauen und in einer Kutsche nach Ludwigsburg zu fahren.

Ich weiß, dies wirkt unseriös: denn alles, was mich bei diesen Versen persönlich berührt, müßte ins objektiviert

Gültige transponiert und lediglich in abstrahierender Sprache nebenbei angemerkt werden. Mir aber sind im Lauf der Jahrzehnte Mörikes Verse zu einem Teil meiner Natur geworden, und dazu gehört nun leider auch so ein bißchen »Privates«.

An Hermann heißt das Gedicht, dessen Distichen der Beziehung zu Hermann Hardegg gewidmet sind. Mörike kannte ihn seit seiner Kindheit in Ludwigsburg, und das Zerwürfnis mit ihm, das die Elegie zeitigte, wurde bald beigelegt; denn auch Hardegg, der spätere Leibarzt des württembergischen Königs, hat sich bei Cotta für Mörike verwendet, damit seine Verse gedruckt wurden.

Im Gedicht beschwört Mörike den Freund, sein trennendes Wort zurückzunehmen. Er erscheint ihm im Traum: »Weinend erwacht ich zuletzt, trüb schien der Mond auf mein Lager, / Aufgerichtet im Bett saß ich und dachte dir nach; / O wie tobte mein Herz! Du fülltest wieder den Busen / Mir, wie kein Bruder vermag, wie die Geliebte nicht kann!«

Eine latent homoerotische Veranlagung würde wohl mancher zeitgenössische Seelenkenner dem Verfasser dieser Distichen nachweisen, mäße er dessen psychische Reaktionen mit denen eines Intellektuellen unserer Tage.

Solche Menschen-Gedichte tauchen bei Mörike immer wieder auf. Sie vertiefen sich in's Wesen des andern und machen eine Erfahrung gegenwärtig, beschreiben Erinnerungen an bewegende und erregende Augenblicke und vermitteln eine Empfindung vom Wesen der Geliebten oder des Freundes, deren Natur sich mit der des Dichters vereinigt.

Am intensivsten vollzieht sich diese Verschmelzung in den Peregrina-Gedichten, dann aber auch in *Josephine*, einem gewissermaßen sinnenschwankenden Gedicht, das die brausende Musik im »süßen Weihrauchscheine« eines

Hochamts heraufruft und von der Sängerin auf der Galerie berichtet. Mörike eilt »sachte« zu ihr hinauf und stellt sich hinter Josephine, um »die nahe Regung ihres Wesens« zu spüren, ja sogar mit ihr zu reden. Der Ton ihrer Stimme, die zuvor strahlend gesungen hat, »schlich sich ins Herz und macht es tief erkranken«, und während die Orgel »verhallt, die Sängerin vorüberwallt, / Die Kirche aufbricht und die Kerzen wanken«, wird jene mystische Vereinigung wirksam, die für Mörikes visionäre Jugendgedichte bezeichnend ist.

Dazu gehört auch *An Clara*, womit seine Schwester gemeint ist, ein Gedicht, das in den späteren Auflagen *Im Weinberg* heißt und wenig verändert wurde. Auch hier ein Augenblicks-Erlebnis (der auf die Decke des Neuen Testaments sich niederlassende Schmetterling), das sich in die Erinnerung an jene Verstorbene (vielleicht Clärchen Neuffer) vertieft, von der das Büchlein stammt, und Mystisches assimiliert; denn der Schmetterling wird von »himmlischen Kräften«, die im Buch leben, angezogen, weshalb er von nun »auf alle Tage gesegnet« und sein Leib unverletzlich ist. »Segen tauet« von ihm, wohin er »künftig die zarten Füße wird setzen«, und er wird zum Garten hinuntergeschickt, »den das beste Mädchen besucht am frühesten Morgen«. »Dort soll er die Lilie« göttlich befruchten, damit sie »Geist und himmlisches Leben atmet, / Wenn die Gute nun kommt«, weshalb ein moderner Seelenschnüffler in diesem Gedicht die Vorstellungen des Poeten als inzestuös charakterisieren würde, was mir kurios erscheint.

Auch in diesem Gedicht werden alle Sinne lebendig wie in *Auf das Grab von Schillers Mutter*, wo der wilde Rosenbusch blüht, der alle anderen Blumen beschämt. Er wird aufgefordert, sein Herz »tausendblättrig« zu entfalten und sich am »begeisternden Duft« zu entzünden, den er aus der Tiefe zieht; denn hier verwest kein irdischer Leib.

Der »alternde Zaun« des Friedhofs und sein »gesunkener Hügel« sind in gereinigtem Licht gegenwärtig, und die Kraft der Natur durchstrahlt jeden Vers.

Ein solches Ineinanderfließen von Sinnlichem und Geistigem ist auch in den Versen wirksam, die »An eine Lieblingsbuche meines Gartens, in deren Stamm ich Höltys Namen schnitt« überschrieben sind. Die vernarbte Wunde, die das Messer in die Rinde geritzt hat, wird von einem Mädchen geküßt, und ihr Kuß dringt der Buche »an das innerste Mark«. Ein Begutachter, der sich um Faktisches kümmert, könnte feststellen, hier verbinde sich Erotisches mit Naturhaftem im Sinne der Spätromantik. Eine Verwünschung gegen die Hand, die wagen sollte, den Baum zu schädigen, schließt das Gedicht, als wäre das magische Zeitalter immer noch wirksam und der Geist durchdränge den Leib wie in allen Mörikegedichten, die sich aus Naturempfindungen entfalten.

Besonders *Im Frühling* macht ein gewisses natura-naturans-Gefühl in vielerlei Bildverschmelzungen deutlich. Die Wolke wird zum Flügel, die Liebe ist den Lüften gleich und »hat kein Haus«. Die Sonnenblume dehnt sich wie das Gemüt »in Lieben und Hoffen«, während die Wolke und der Fluß »wandeln«, als wären sie Menschen. So fließt alles, geht ineinander über, halb Traum, halb Wachen. Dies und das denkend, sich sehnend und nicht wissend nach was, halb Lust, halb Klage, wie es sich für die beständig wechselnden Empfindungen in Mörikes frühen Gedichten gehört. Dann das Weben der Erinnerung »in golden grüner Zweige Dämmerung« und der Ausruf: »Alte, unnennbare Tage!«, der in die Tiefe des Archaischen weist.

Warum aber beschreibe ich dies alles, obwohl Mörikes Gedichte aus sich selber leben und meine Wörter nicht brauchen? Die Gedichte haben mich seit meinem vierzehnten Jahr begleitet. Als Reclam-Heft habe ich sie im Krieg in Frankreich, Rußland und Amerika dabeigehabt, wo sie mir 1945 abgenommen wurden. Anno 47, als ich wieder zu Hause war, erhielt ich das Buch mit Briefen, Notizbüchern und Fotografien über das Rote Kreuz zurück. Es fehlte kein Blättchen.

So lange kenne ich diese Gedichte. Und ich wundere mich über die verflossene Zeit.

1965 kaufte ich mir die Erstausgabe in einem Exemplar, dem das Vorsatzblatt fehlt und das stockfleckig ist wie ein mit Sommersprossen übersätes Gesicht. Der Antiquar fragte mich, ob ich mir denken könne, woher das Buch komme, und fügte nach einer Weile hinzu: »Aus Amerika«, was mir seltsam erschien, weil Anno 45 in Florence / Arizona ein amerikanischer Soldat spöttisch dreingeschaut hatte, als er mir Mörikes Gedichte abnahm. »Liest du das?« hatte er mich gefragt und nach oben geschaut, als himmele er etwas Unsichtbares an.

Nun aber legte ich – schweren Herzens – zweihundert Mark für einen altersbrüchigen Gedichtband aus Amerika auf den Tisch und dachte an jenen Soldaten, der mich auch heute noch für unzurechnungsfähig hielte, wenn er davon erführe.

Stifter

Manchmal höre ich, daß ich von Stifter beeinflußt sei. Das mag stimmen. Immerhin las ich in den Sommerferien des Jahres 1930 jeden Vormittag im Garten unseres Stuttgarter Hauses Stifters Erzählungen. Ich war allein, meine Eltern verbrachten mit meiner Schwester in Berchtesgaden ihre Ferien.

Eigentlich wollte ich mich damals aufs Abitur vorbereiten. Ich tat's auch, aber Stifter drängte sich immer wieder dazwischen. Und ich hatte, während die Morgensonne übers Dach kam und auf mein Buch schien, das Gefühl, als sähe ich die von Stifter dargestellten Menschen deutlich vor mir. Sie lebten, und ihre Empfindungen wurden zu meinen Empfindungen, falls ich nicht meine Empfindungen in Stifters Gestalten hineinprojizierte. Letzteres erscheint mir als das Wahrscheinlichste, und ich meine, so verhalte es sich immer, wenn das Einverständnis zwischen Autor und Leser zustandekommt; denn Literatur wird erst lebendig, wenn zwei Individualitäten ineinander fließen. Schließlich hat der Autor seine Bücher nur geschrieben.

Nun, damals, als Siebzehnjährigem, kam es mir so vor, als sei Stifter ein Seelenkenner. Später las ich, seine Figuren seien lediglich Staffagen weiträumiger Naturbilder und hätten kein Eigenleben. Dies verwunderte mich, obwohl ich einsah, daß es stimmte, was die auf eine solche Theorie Eingeschworenen vorbrachten. Sie sagten nämlich, Stifters Figuren würden nur mit Vokabeln wie ›schön‹ oder ›sanft‹ beschrieben. Mir aber bildeten sich, wenn ich seine Sätze las, im Gehirn klare Menschenbilder. Und was in denen vorging, erschien mir beachtenswürdig.

Später wandte ich mich Arthur Schnitzlers Erzählungen und Romanen zu und fand darin eine bis ins Äußerste ausgebildete Kunst der Schattierungen und Lichtbewegungen äußerer und innerer Art. Bei ihm wirkt sich die Kenntnis impressionistischer Wirkungsmöglichkeiten auf seine Menschendarstellungen aus. Die psychologische Verfeinerung der Dialoge, der rasche Szenenwechsel, der die Beobachtungen flüchtigster Eindrücke von Umwelt und Innenwelt zugleich illustriert und vertieft, ihnen die Ahnung einer anderen Dimension vermittelt, dieser rasche äußere Szenenwechsel verbindet sich mit der Darstellung ebenso rasch wechselnder Empfindungen und Assoziationen. Was zwischen den Menschen vorging, wurde wie Lichterflecken auf einem Waldweg sichtbar gemacht, wenn Wind die Blätter bewegt.

Schnitzler hat eine neue Sphäre entdeckt oder bloßgelegt. Die Gefühle zwischen seinen Figuren wirken wie elektrisch aufgeladen und sorgen dafür, daß die dargestellten Personen nicht mehr in sich selber ruhen, wie dies bei Stifter vielleicht gerade noch möglich zu sein schien, weil sich seine Gestalten eine strenge Haltung angewöhnt haben.

Erst später fand ich in Ferdinand von Saar den Autor, der zwischen Stifters gerade noch statuarisch wirkenden oder sich um Standhaftigkeit bemühenden Menschenbildern und Schnitzlers Figuren, unter denen der Boden dünn und nachgiebig wird, vermittelt. Jedenfalls kam es mir darauf an, mich den Autoren zu nähern, die das haben, was man gemeinhin »Fingerspitzengefühl« nennt. Ich könnte sie mit Franz Grillparzer die »Feinzüngler« nennen, was nichts mit spitzer Zunge, hinterhältiger Gesinnung und dergleichen zu tun hat, sondern mit einer differenzierten Empfindungsfähigkeit. Allerdings müßte ich dann auch auf Jacobsen, Herman Bang und Eduard von Keyserling hinweisen und dürfte Hofmannsthal nicht vergessen.

Trotzdem möchte ich hier bei Stifter bleiben und zu begründen versuchen, daß er für mich in diesem Sinn zu denen gehört, deren Menschendarstellung alles andere ist als stereotyp oder klischeehaft. Ich versuche dies an zwei seiner Erzählungen darzustellen, an *Die Mappe meines Urgroßvaters*, die in die *Studien* aufgenommen wurde, und an die Erzählung *Kalkstein* aus dem Band *Bunte Steine*. Sie ist zuerst im Taschenbuch *Iris* unter dem Titel *Der arme Wohltäter* erschienen, während die *Mappe* auch in ihrer ursprünglichen Fassung den Titel *Die Mappe meines Urgroßvaters* trug.

Man weiß, daß darin nur wenig geschieht. Es ist eine Liebesgeschichte, freilich mit dünnem Boden, und die Figur Margarita, die Tochter eines Obristen, der nicht weit vom jungen Arzt sein Haus gebaut hat, steht in der Mitte. Immer wieder wird Vergangenes angedeutet, der Obrist erzählt von seiner chaotischen Jugend und ihren Wirrnissen, während er jetzt in der Altersklarheit lebt.

Der Arzt will sich erhängen, weil er erkennt, daß er »so übermütig sein Heil an ein Weib gebunden habe, daß er meinte, ohne ihr nicht sein zu können«, was sich altmodisch anhört. Der Arzt läuft in den Wald hinauf und springt auf den Platz hinaus, »wo die vielen Birken stehen und der grüne Rasen dahingeht«. Und weil es eine Ich-Erzählung ist, heißt es in ihr: »Als ich nun da war, harrte ich gleichwohl noch ein wenig, und alle Bäume sahen mich fragend an. Es war auch ein breiter grauer Fels da, der nicht weit davon viele Klaftern hoch emporstand und von dem die Sonnenstrahlen ohne Geräusch wegprallten, daß alle Steinchen funkelten und glänzten. Auch war eine wolkenleere, finsterblaue Luft bis in die Baumzweige herunter. – Ich schaute nicht um, gleichsam als stünde einer hinter mir. – Dann sagte ich: da hat vor wenig Augenblikken eine Feldgrille gezirpt, ich wollte noch so lange warten, bis ich sie wieder höre. Aber ich hörte sie nicht.«

Vielleicht wird deutlich, daß diese Naturbeschreibung ein Innenbild ist. Und alles Dargestellte erscheint drohend, obwohl es lautlos dasteht. Die Bäume schauen den Selbstmordkandidaten »fragend an«, die Sonnenstrahlen »prallen vom grauen Fels ohne Geräusch« weg: ein erstaunliches Bild, das die Anspannung der Gehirnnerven des Mannes ebenso spürbar macht wie die »wolkenleere, finsterblaue Luft bis in die Baumzweige herunter«.

Wenn die Luft von Wolken leer ist, muß ein reiner blauer Himmel sich ausgebreitet haben, aber hier steht »finsterblaue Luft bis in die Baumzweige herunter«. Und er schaut sich um, als stünde einer hinter ihm. Dazu die Feldgrille, die gezirpt hat und auf die er noch so lange warten will, bis er sie wieder hört. Aber er hört sie nicht.

In diesem Wenigen, das ich andeute, ist für mich die Grundstimmung enthalten, die Stifters Werk bestimmt. Eine dünne Wand trennt seine Gestalten von der Verzweiflung. Und die Anspannung, die dazu nötig ist, sich selbst zu beherrschen und nicht den Schritt ins Dunkel zu tun, die ist hoch. Daß all dies nicht großmächtig ausgespielt wird und donnernd daherkommt, das erscheint mir wirkungsvoll, obwohl ich weiß, daß allgemein und weitverbreitet andere Geschmackswünsche vorherrschen.

Dann kommt der Oberst dazu, der »alte Mann mit den weißen Haaren auf seinem Kinne und Scheitel«. Er sagt zum Doktor belanglose Worte und wendet sich nicht direkt an ihn, keine Ermahnung kommt aus seinem Mund. Er will ihn auch nicht vom »Geschäft« abhalten, das er hier im Wald tun will, wo »von dem Baume der starke Ast seitwärts ging, auf den er gedacht hatte«. Aber das Wort »erhängen« wird jetzt nicht mehr gesagt. Der

Obrist fragt den Doktor, ob er im Heraufgehen gesehen habe »wie das liebe Korn gar so schön stehet; es legt sich auf diese Jahreszeit schon so hoch und dunkel, daß es ein Wunder ist«.

Ohne ein erklärendes Wort steht das Korn in den Sätzen da, und die Worte wirken, weil sie eine Strahlungskraft haben. Sie bewirken, daß der Selbstmordkandidat zögert, innehält und das Seine bedenkt. Man darf es vielleicht heute noch nicht sagen, aber in Stifters Büchern neutralisieren oder besänftigen der Anblick der Natur und die Lebensäußerungen der Tiere alle zerstörerischen Empfindungen. Oder ist Natur dank der »Grünen« heutzutage wieder »in«? Ich erinnere mich eines Gesprächs mit Heinrich Böll, der befremdet reagierte, als ich vom Bayerischen Wald erzählte und wie weit man dort nach Böhmen hineinschaue. Und eine Leserin, die an einer Examensarbeit über meine Bücher arbeitet, schrieb mir Folgendes:

»Auffällig viele Frauen, wie etwa Judith Nissar, Eva Maurer, Erika und Fanny von Czechrod, Hanni Trübswetter oder Hilde Schnell, um nur einige zu nennen, versuchen, mit oder ohne Erfolg, dem Leben ein Ende zu bereiten. Dabei meine ich, daß diese Frauen, wie z. B. Lion in ›Das stille Haus‹ oder die Gräfin von Seilern in ›Dame und Scharfrichter‹, sich nicht, wie viele andere Personen in den Romanen dies tun, in den ›inneren Bezirk‹ zurückziehen können oder wollen. Auch Margot von Sy findet sich erst in ihrem Leben zurecht, als sie sich in das Innenleben zurückzieht und so vor der Außenwelt geschützt ist.

In den Büchern werden also zwei Verhaltensweisen gegenübergestellt, einerseits die betonte Innerlichkeit und Passivität vieler Figuren, andererseits das ›Sich-Hineinstürzen‹ ins Leben. Dabei sind, so meine ich, die Personen, die sich derart unterschiedlich verhalten, in ihrem

Wesen so verschieden nicht. Ich denke dabei nur an Stephan Clary und Lion oder an Luise und Wilhelm. Wilhelm z. B. bewundert die Spontaneität und Ungebundenheit von Luise, fürchtet sich aber gleichzeitig davor, ebenso zu leben, weil er Angst davor hat, zu ›versinken‹.

Aus Ihren autobiographischen Romanen glaube ich herauslesen zu können, daß Sie der Lebenshaltung des Abseitsstehens und Sich-Heraushaltens zum Teil etwas skeptisch gegenüberstehen. Da heißt es z. B. im ›Fremdling‹: ›Lebenslustig sein – das Leben war bekanntlich kurz – darauf wäre es angekommen, wenn man's gekonnt hätte.‹

Oder an einer anderen Stelle: ›Die Freizügigkeit, die zu einem Schriftsteller gehören sollte, hätte zu ihm vielleicht nicht gepaßt, *obwohl*...‹

Meine Frage ist nun, inwieweit Frauen wie Luise und Lion ›die andere Seite‹ des Schriftstellers H. L. verkörpern, seine geheimen Wünsche, aus den gewohnten Bahnen, aus seiner ›Schutzschicht‹ auszubrechen.

Von großer Bedeutung wäre es für mich außerdem, wie Sie persönlich über den Suizid denken. Ich hoffe, mit dieser Frage nicht zu sehr in Ihre Privatsphäre einzudringen, wäre doch eine Antwort für mich sicherlich sehr aufschlußreich.«

Ein ganzes Bündel oder gar ein Komplex von Fragen, die ins Zentrum führen. »Keiner hält euch, wenn ihr gehen wollt«, heißt es bei Brecht, aber ich meine, daß mich trotzdem »einer« hält. Wer ist das? Wahrscheinlich mein »Leitvermögen«, wie es bei Marc Aurel heißt, ein Wort, das verschiedene Deutungen zuläßt; allerdings läßt jedes Wort verschiedene Deutungen zu. Auf eine beschränke ich mich.

»Leitvermögen« ist für mich die Fähigkeit, mich aus der Distanz zu sehen, einen Abstand zu mir selbst zu schaffen. Dieser Abstand bildet die »Schutzschicht«, und wenn es mir gelingt, sie aus mir selbst hervorzuschwitzen oder herauszutreiben, dann stehe ich fester da und habe das Gefühl, in einen großen Zusammenhang eingefügt zu sein. Auch steht innen drin die Empfindung wie ein schwarzer Block mit der Inschrift: Du darfst es nicht tun.

Dich abdichten gegen das Giftgas dessen, der dir einflüstert: man braucht dich nicht ... darauf kommt es an. Sag zu dir: Nur wenn du nicht hier wärst, wärest du überflüssig. Außerdem berühren die Dinge die Seele nicht, sondern stehen ruhig draußen. »Auch wird sich alles, was du siehst, sogleich verwandeln und nicht mehr sein.«

So steht's bei Marc Aurel, der in seinen *Selbstbetrachtungen* ein Heilmittel für seelische Mühsale anbietet, das ich nicht missen möchte. Und was die »betonte Innerlichkeit und Passivität vieler Ihrer Figuren« anlangt, so hat dies mit deren Bedürfnis nach Einsamkeit zu tun, das sich immer wieder zwischen sie und andere schiebt. Außerdem meine ich, jeder Mensch bekomme die Spannung zwischen Hingabe und Selbstbewahrung zu spüren. Ein Autor aber, der, ohne sich abzuschirmen, nichts zustande bringt, wird den Zwiespalt zwischen Beschränkung auf sich selbst und Auflösung des eigenen Ich in der Außenwelt, die er darstellen will, zumindest als strapaziös, wenn nicht als quälend empfinden. Schließlich gehört er – wie seine Figuren – zu den impressionablen Geschöpfen, die leicht in einen Zustand geraten, in dem sie nicht mehr wissen, wo ihnen der Kopf steht. Und genau diesen Zustand gilt es zu vermeiden. Nicht umsonst hat sich Odysseus, als er die Klippe der Sirenen umschiffte, an den Mastbaum binden lassen und seiner Besatzung die Ohren mit Wachs verstopft.

Was aber mich selbst betrifft, so bin ich mir der Gefahr der Abkapselung bewußt, weil ich weiß, daß sie in seelische Starrnis führt und die Empfindungsfähigkeit abtötet.

Wenn dir aber zu vieles nahegeht, sag zu dir selbst: Halte dich zurück, zwinge dich, auf Abstand bedacht zu sein, sonst gerätst du dorthin, wo dir das Leben unerträglich erscheint.

Um aber wieder an Stifter zu erinnern, so wird in der Erzählung *Die Mappe meines Urgroßvaters* die Stimme der Grille wichtig, die sich wie die der Ammer bemerkbar macht, während die Baumblätter sich regen und die weißen Birkenstämme einer hinter dem anderen stehen.

Die Grille wird zur Stimme, die den Arzt, der sich umbringen will, am Leben festhält; denn er wartet darauf, daß sie sich wieder vernehmen lasse. Während sie schweigt, breitet sich das Tote aus, als wäre die Zeit stillgestanden und das Nichts hätte sich ausgedehnt.

So werden bei Stifter Naturvorgänge zu inneren Bewegungen; denn sinnbildhaft wirken solche Ereignisse wie die schweigende Grille nicht, sie sind diese Ereignisse. Wie auf den Bildern von Rembrandt das Licht Farbe wird, so werden in Stifters Erzählungen und Romanen Blätter, Steine, Tiere, Luftveränderungen und so weiter zu inneren Vorgängen seiner Gestalten. Wie dies zustandekommt, läßt sich, so meine ich, nicht erklären. Es ereignet sich beim Lesen des Textes, und dies genügt.

All dies deutet an, daß der Natur eine heilende Kraft zuerkannt wird, was sogar in unseren Tagen zumindest nicht mehr verhöhnt werden dürfte, nachdem die Gefahren der Naturzerstörung zutage liegen.

Stifters Waldbeschreibungen freilich beschränken sich nicht darauf, die heilende Wirkung der Natur fühlbar zu machen; vielmehr wird immer wieder die Vernichtungskraft der Elemente beschworen, wie hier in der *Mappe meines Urgroßvaters*, wenn der Schneefall beschrieben wird, der den Wald heimsucht und ihn zu begraben scheint, als hätten sich Schneedünen hereingeschlichen und die Vereisung zerbräche die Bäume. »Schneebruch« nennen die Forstleute diese Erscheinung.

Ich weiß nicht, ob Stifter heute noch gelesen wird. Mich aber interessiert Stifters Menschenbild, und ich meine, seine Gestalten seien nicht nur Staffage für Landschaften; denn sie haben ein Eigenleben und wurden nach seinem Wissen vom Menschen gebildet. Dabei erlaube ich mir anzumerken, daß Stifters Menschenbilder für mich Idealfiguren sind, wie sie in einer heute geschriebenen Erzählung nicht mehr auftauchen können. Und was die Fragen angeht, die sich auf den Selbstmord in meinen Büchern beziehen, so füge ich noch eine persönliche Erinnerung an.

Eingeladen, auf einem Kongreß von Psychotherapeuten in Kassel zu lesen, wählte ich eine Stelle aus dem Roman *Der innere Bezirk*. Dort wird beschrieben, was Margot von Sy beim Versuch, sich mit Gas umzubringen, sieht und empfindet.

Hernach sagte der Leiter des Kongresses, die dargestellten Szenen bezögen sich wohl auf die eigene suizidale Praxis. Ich stimmte bei, allerdings nur, um meine Beschreibungen nicht der Gefahr auszusetzen, sie würden als Hirngespinste desavouiert. In Wirklichkeit hatte ich mir alles ausgedacht, denn Selbstmordkandidat bin ich keiner. Allerdings bleibt die Hochachtung vor jedem, der diesen Schritt wagt. Und die Neigung, so etwas zu verwirklichen, war in der Jugend heftiger. Inzwischen durfte ich feststellen, daß es sich lohnt, auf der Welt zu sein. Schließlich ist alles nur vorübergehend.

Was aber die »andere Seite des Schriftstellers H. L.« betrifft, so dürfte es richtig sein, wenn Sie vermuten, Frauen wie Luise und Lion verkörperten »seine geheimen Wünsche, aus den gewohnten Bahnen, aus seiner ›Schutzschicht‹ auszubrechen«. Allerdings verfügt er über die notwendige Distanz zu sich selbst, die ihn einsehen läßt, er geriete in unwegsame Gebiete, wenn er derlei Versuchungen nachgäbe. Auch mußte er feststellen, daß sich die sogenannte »Wirklichkeit« niemals nach seinen Wünschen richtet, oder, anders ausgedrückt: daß die Frauen niemals so sein können, wie er zuweilen meint, daß sie sein sollten; denn auch Luise und Lion sind mit gewissen Charaktereigenschaften ausgestattet, die zwar zu ihrem freizügigen Gemüt gehören, aber als Kehrseite der Medaille, oder wie man's nennen will, nicht gerade einladend wirken. Das Ganze ist halt eine ziemlich zwiespältige Angelegenheit, sozusagen, über die alle Figuren des Schriftstellers H. L. Bescheid wissen.

Die Erweiterungen und Zusätze, die Stifter als Fortsetzung der Erzählung *Die Mappe meines Urgroßvaters* hinterließ, wurden, so viel ich weiß, hauptsächlich in der Zeitschrift *Corona* veröffentlicht. Darin habe ich einige Stücke gelesen und erinnere mich speziell an die Erzählung von der Gemütskrankheit einer Isabella genannten Frauengestalt, die nichts anderes ist als ein Vorschlag für eine Therapie, die, so will's mir scheinen, einen Psychotherapeuten von heute nicht mehr überholt oder altmodisch anmuten mag, weil sie Regeln befolgt, deren sich sogar in unseren Tagen kein Seelenarzt zu schämen braucht. Dabei fällt wiederum die differenzierte Sehweise des Autors auf, der seelische Vorgänge nicht schematisiert, sondern nach ihren persönlichen oder individuellen Ursachen zu beurteilen weiß. Wobei ich daran erinnern möchte, daß keine erklärende Darstellung eines Werkes der Literatur, der Musik und der bildenden Kunst jenes Spezielle beschreiben kann, das die Anziehungskraft des Kunstwerks ausmacht. Es können nur Merkmale äußerer Art beschrieben werden. Und was die Darstellungsweise betrifft, die der Kunstmacher anwendet (ich vermeide das Wort ›Künstler‹), so darf sie kräftig oder fein sein, und jedesmal kann etwas Gutes entstehen. Stifter aber hat sich, seiner Natur entsprechend, für die feine Beschreibungsart entschieden, denn er äußert sich so:

»Schreibt dem Freiherrn, daß er kommen möge, daß man zu Isabella nie sage, daß sie ein Gemütsleiden habe, und daß man ihr ankündige, ich werde ihr gegen ihre Nervenzustände behilflich sein. Sie wird sehr gerne hierher gehen, und ein Teil der Genesung wird schon dadurch vollbracht sein. Man hat einen Fehler gemacht, daß auf das Gefühl Isabellas ein Druck ausgeübt wurde. Isabella ist sehr schwärmerisch, und ihre Erziehung hat diese Kraft zu sehr wachsen lassen. Ihr Gefühl ist ihr ganz gewiß selber nicht klar. Man sorge nur, daß es ihr nicht klar werde und in Begehren übergehe. Sonst hat das Gefühl seine volle Berechtigung, wie etwa Freude an schöner Musik oder an etwas, das wir für groß und edel halten. Und ist das Gefühl zu einfacher Ruhe zurückgekehrt, so soll Isabella zu gewöhnlichen Beschäftigungen angeleitet werden, die den Verstand erweitern und einen Blick in die Wirklichkeit geben.«

Zwar wäre es zuviel verlangt, von Stifter eine vorwärtsschauende Kenntnis der Psychoanalyse zu verlangen, aber die Veränderung einer Liebesempfindung in »Begehren«, wie er sagt, war ihm vertraut. Dieser Satz erinnert an Grillparzers Bemerkung: »Wenn bei einem Weibe eine Empfindung sich auf die Sinne gerichtet hat ...«, die, falls ich mich recht erinnere, in seinem Tagebuch steht und eine zutreffende Beobachtung enthält, die dem Autor in mühsam errungener Distanz klar geworden ist. Jedenfalls meine ich, Stifter habe vom Menschen manches gewußt und seine Kenntnisse hätten ihn zu einer im Psychischen differenzierten Darstellungsweise befähigt. Wobei ich mir anzumerken erlaube, daß ich mir manche hämische Bemerkung vorstellen kann, die eine solche Charakterisierung herausfordert. Trotzdem meine ich, Stifters Therapievorschlag, das Gemütsleiden Isabellas betreffend, könne auch heute noch erfolgreich sein.

Ob die Erzählung *Kalkstein* eine seelische Verkümmerung beschreibt, diese Frage scheint heutzutage bejaht zu werden, was mir kurios vorkommt. Aber ich hörte auf einem Kongreß, der Pfarrer im Kar, der karg lebt, damit er seinen Pfarrkindern möglichst viel Geld hinterlassen kann, und sich als einzige Freude feine Wäsche gönnt, werde von fetischistischen Neigungen beherrscht.

Nun, eine Gestalt, die auf alles verzichtet, was der moderne Zeitgenosse begehrt, eignet sich in unserer Zeit nicht mehr zum Vorbild. Im vergangenen Jahrhundert aber muß von einer solchen Figur eine Art asketischer Faszination ausgegangen sein, der etwas Heiliges anhaftet.

Heutige Seelenkenner aber suchen in dieser Geschichte vom armen Wohltäter nach Anzeichen seelischer Verklemmung, deren Grund in sexueller Askese vermutet wird. Und, siehe da, sie werden fündig, zumeist in ihrem Sinn; denn der, seiner Pfarrgemeinde wegen, sparsame Pfarrer, der will, daß nach seinem Tod von seinen Ersparnissen eine Schule erbaut wird, dieser Mann hat eine Schwäche für feine Wäsche, deren er sich schämt. Und diese Freude am reinen Weiß des Linnens hat ihren Grund in einer Jugendliebe.

An den Garten seines Vaters grenzte ein anderer Garten, wo eine Frau eine Waschstube einrichtete und Wäsche der verschiedensten Art aufhängte und bleichte. Wenn ihre Tochter die saubere Wäsche den Eigentümern zurückbringt, sieht sie der junge Mann, der später Pfarrer im

Kar wird. Er legt für sie einen Pfirsich ins Gras, doch bückt sie sich erst nach ihm, als der Junge sagt: »Nimm ihn.« Danach sehen sie sich öfter, der Junge bewundert die frische Wäsche, er gibt ihr einen Pfirsich, aber dann bemerkt es ihre Mutter, und sie ruft: »Johanna, schäme dich!« Von da an sieht er sie nicht mehr. Sie wird in eine andere Stadt geschickt, um dort »die Braut eines entfernten Anverwandten zu werden«, wie es in der Novelle heißt.

Der einsame junge Mensch kauft nun Gegenstände aus Silber und feine Wäsche, die er in einem neuen Schrank aufbewahrt, denn er entstammt einer wohlhabenden Familie. Der Glanz des Silbers und der Schimmer der weißen Wäsche erfreuen ihn, bis er allen Reichtum verliert und gezwungen ist, auch sein Silber dranzugeben, um die Gläubiger zufriedenzustellen. Die feine Wäsche aber behält er.

Dies nun gilt als Zeichen seelischer Verklemmung und als sexuell bedingte Neurose. Der Pfarrer, der allem Komfort entsagt, wird deshalb für einen Psychopathen mit fetischistischen Zügen gehalten, obwohl er sich aufopfert.

Allerdings, es kann stimmen, was die Psychoanalytiker meinen, wenn sie die Geschichte des Pfarrers im Kar mit ihren Kriterien beurteilen. Es fragt sich nur, ob der Pfarrer glücklicher geworden wäre, wenn er das Mädchen bekommen hätte, das seine Pfirsiche vom Gras aufhob. Ich aber meine, ein Spießbürger, der sich anpaßt, müsse nicht wertvoller sein als ein Mensch, der nach einer tiefen seelischen Verletzung zur Entsagung findet. Allerdings kann man hinzufügen, dies sei resignativ gedacht.

Grillparzer

Franz Grillparzer aber dürfte von Psychoanalytikern für das Musterbeispiel eines Neurotikers gehalten werden, der sein Heil in der Resignation findet. Nicht umsonst werden immer wieder folgende Verse aus seinem Theaterstück *Der Traum ein Leben* zitiert, wenn es gilt, sein Charakterbild zu entwerfen:

> Eines nur ist Glück hienieden,
> Eins: Des Innern stiller Frieden
> Und die schuldbefreite Brust,
> Denn die Größe ist gefährlich
> Und der Ruhm ist leeres Spiel;
> Was er gibt, sind nichtge Schatten,
> Was er nimmt, es ist so viel.

Der Inhalt dieser Verse wird zuweilen eine arme, ja armselige Glückslehre genannt, die sich für einen Landpfarrer oder einen Hofrat schicke. Demnach dürfte sie einem Poeten nicht angemessen sein, wahrscheinlich weil sie von aktiven Vorwärtsstürmern als Rechtfertigung fauler Bescheidenheit und Duckmäuserei verstanden wird. Der nächste Schritt in einer solchen Beurteilung wäre die Forderung, jeder Autor müßte, wenn nicht einen Weltkrieg, so doch zumindest einen Terroristen-Überfall mitmachen, um zum Poeten zu reifen.

Nun, was dies betrifft, so könnte sich meine Generation über mangelnde Erfahrungen nicht beklagen. Mir aber will's scheinen, als wäre dies ein wackeliger Standpunkt. Schließlich haben jene Kollegen, die um 1900 jung waren, Beachtliches zustande gebracht, obwohl sie kein sogenanntes »Stahlbad« und keine »Schmiede des Mannes« durchmachen mußten. Und ich mag's nicht hören, wenn ein Weißhaariger zu jungen Menschen sagt: Ihr könnt nicht mitreden, weil ihr das nicht erfahren habt, was wir erfahren mußten; denn für alle meiner Generation wär's weitaus bekömmlicher gewesen, sie hätten das Glück gehabt, in einer friedlichen Zeit zu leben, wie sie Franz Grillparzer zuteil wurde.

Man sagt, Grillparzer habe sich mit der Metternichschen Zensur herumschlagen müssen und von ihr Demütigungen erfahren. Das stimmt, obwohl Grillparzer es mit sich selbst weitaus mühsamer hatte als mit seiner Umwelt.

Ein Innenbild seiner Person zeichnet er in der Erzählung vom armen Spielmann.

Sie ist präzis komponiert. Ein Erzähler beschreibt seine Begegnung mit einem Geigenspieler in der Brigittenau, wo er abseits der Menschenmenge für sich spielt und nur ein paar Kupfermünzen einheimst.

In den Bericht des Erzählers ist die Lebensgeschichte des Geigers, der als armer Mann bei einem Metzger in der Vorstadt wohnt und mit zwei Handwerksburschen in einer Dachstube haust, ebenfalls in der Ichform eingefügt. Aufgewachsen unter einem ehrgeizigen und heftigen Vater, der als hoher Staatsbeamter einen großen Einfluß ausübt, hat er Mühe, sich in der Schule zu behaupten. Die Last der väterlichen Strenge hemmt seine Fähigkeiten und zerkrümmt seine Seele. Er hofft, der Vater mache seine Drohung wahr und gebe ihn zu einem Handwerker, aber das ließ sein Stolz nicht zu. Bei einer Schulprüfung, der sein Vater beiwohnt, muß er ein Gedicht von Horaz rezitieren, doch entfällt ihm ein Wort. Der Vater schreit's ihm donnernd zu, was ihn derart verwirrt, daß er sich nicht mehr zurechtfindet.

Danach redet der Vater kein Wort mehr mit seinem Sohn

und steckt ihn als Kopist in eine Kanzlei, wo er wiederum Niedergedrücktheit überwinden muß als ein hilfloser und lebensuntauglicher Mensch.

Ein solcher war Grillparzer nicht, aber die Angst, abzusinken, belastete ihn zeitlebens. Er war der Meinung, wenn er geheiratet hätte, dann hätte er »mit Nahrungssorgen« kämpfen müssen, und was seinen Vater anging, so prophezeite ihm der, nachdem er ein Gedicht seines Sohnes gelesen hatte, er werde noch einmal auf dem Miste krepieren.

Doch Grillparzers Vater war ein zwar ernster und wohl auch einsamer Mensch, der aber seinen Kindern gegenüber Nachsicht walten ließ, um unerwartet die schroffe Seite seines Charakters hervorzukehren. »Bei einem scharfen und richtigen Verstande war niemand leichter zu täuschen als er«, beschreibt ihn der Sohn, der, was die Beziehung zu anderen Menschen anging, zauderte und zögerte, die Frauen begehrte, sich aber von ihnen zurückzog, wenn sie ihm entgegenkamen. Seiner rücksichtslosen Selbstbeobachtung entging keine schwache Stelle seiner Natur, und in der Selbstbiographie steht der Satz: »Aber eigentlich zu zweien zu sein, verbot mir das Einsame meines Wesens.«

Er war sich des Zwiespalts seiner Natur auf das Schärfste bewußt und drückte dies so aus: »Es liegt etwas Rekonziliantes und Nachgiebiges in mir, das sich nur gar zu gern selbst der Leitung anderer überläßt, aber immerwährende Störungen und Eingriffe in mein Inneres dulde ich nicht, kann ich nicht ertragen, wenn ich auch wollte. Ich hätte müssen alleinsein können in einer Ehe, indem ich vergessen hätte, daß meine Frau ein anderes sei, meinen Anteil an dem wechselseitigen Aufgeben des Störenden hätte ich herzlich gern beigetragen.« Dann folgt der oben zitierte Satz vom »Einsamen seines Wesens«, das ihm verbot, zu zweien zu sein.

Damit spielt er auf sein Verhältnis zu Katharina Fröhlich an, das ihn in ätzende Gewissenszweifel stürzte. Als Dreißigjähriger lernte er sie kennen, und in seinem 58. Lebensjahr zog er in das Haus, wo Katharina mit ihrer Schwester wohnte. Bis zu seinem Tod blieb er dort. Katharina sammelte alle beschriebenen Blätter, die er in seinen Papierkorb geworfen hatte und auf denen oft bissige Verse zu lesen standen. Die lernte sie auswendig und rezitierte sie, wenn der Meister harmonisch gestimmt war, eine Gelegenheit, die nicht so selten war, wie manchmal behauptet wird. Und dann kam's vor, daß »der kleine Rezitator«, wie sich Katharina zu nennen liebte, beispielsweise Folgendes von sich gab: »Sie sind der höchsten Ideen voll / Zum Staunen oder zum Lachen, / Ein jeder weiß, wie man's machen soll, / Doch keiner kann es machen.«

Auf wen wohl diese Verse gemünzt waren? Wahrscheinlich auf jene Zeitgenossen, denen er jenen anderen Denkzettel verpaßt hat, der so geht: »Die Dichtung sagt man oft und sagt es laut, / Sie sei ein treuer Spiegel dieses Lebens: / Wenn nun ein Affe in das Dichtwerk schaut, / Sucht er nach einem Sokrates vergebens.«

Derlei bissige Epigramme schrieb Grillparzer auch um 1847, als *Der arme Spielmann* in der Zeitschrift *Iris* erschien. Das Vaterbild, das darin gezeichnet wird, ist das schroffe und kalte eines rücksichtslosen Familienherrschers, der, wie bereits vermerkt, seinen Sohn als Kopist in eine Kanzlei steckt. Die Vater-Gewalt, wenn ich so sagen darf, lähmt den Sohn, der auch als Kanzlist in eine Außenseiterrolle gedrängt wird und sich vor seinem Bürovorsteher fürchtet. Er quält sich durch seine Tage, hört aber dann ein Mädchen ein Lied singen, das ihm gefällt, und sieht sie über den Hof gehen. Sie, die Tochter eines Grieslers, die Barbara heißt, ist eine lebenskräftige Person. Er versucht sich ihr zu nähern, doch ein Bedienter des übermächtigen Vaters entdeckt ihn im Grieslerladen. Sofort wird ihm verboten, weiterhin im Hause zu wohnen. Er bekommt ein Zimmer in einem abgelegenen Viertel und sieht Barbara nicht mehr.

Da stirbt sein Vater. Die Nachricht von seinem Tode stürzt ihn in eine schwere Krankheit, die er mühsam überwindet. Der vom übermächtigen Vater gebrochene Sohn fühlt sich schuldig, weil er ihm Kummer bereitet und »unverdiente Gnaden« von ihm empfangen habe; denn Grillparzer fügt aus scheinbar nebensächlich gezeichneten Charakterzügen das Bild einer gebrochenen Existenz zusammen, niedergedrückt von Schuldgefühlen. Neben diesem lebensuntauglichen Menschen steht die lebenskräftige Barbara, deren Bildnis sich ebenfalls aus vielen präzis beobachteten Einzelzügen zusammenfügt. Sie ist eine, die redet, wie sie's denkt. Ihr fährt's heraus: »Wären Sie gar derselbe, der so kratzt auf der Geige?«, doch sofort reut sie das harte Wort.

Wie sie sich bewegt, das wird ebenso deutlich, wie was sie denkt. »Sie fährt mit dem Arm in die Handhabe ihres Korbes« und richtet sich auf, weil sie vermutet, er werde sie um etwas Unziemliches bitten, während er sie nur bitten will, das Lied aufzuschreiben, das er von ihr hat singen hören. Und er beschreibt das Lied, indem er sagt: »Es steigt gleich anfangs in die Höhe, kehrt dann in sein Inwendiges zurück und hört ganz leise auf.« – »›Ach, das wird wohl das sein!‹ sagte sie, setzte den Korb wieder ab, stellte den Fuß auf den Schemel und sang nun mit leiser und doch klarer Stimme das Lied, wobei sie das Haupt duckte, so schön, so lieblich, daß, ehe sie noch zu Ende war, ich nach ihrer herabhängenden Hand fuhr. – ›Oho!‹ sagte sie, den Arm zurückziehend, denn sie meinte wohl, ich wollte ihre Hand unziemlicherweise anfassen; aber nein, küssen wollte ich sie, obschon sie nur ein armes Mädchen war.«

Rührend, wie? Ja, es ist, von heute aus gesehen, eine unschuldige und harmlose Geschichte, die vielleicht gerade deshalb nahezu exotisch anmuten mag. Irgendeine moderne Disco-Mentalität ist darin wahrscheinlich nicht zu spüren, obwohl der Typus des reschen, ein bißchen ruppigen und selbstsicheren Mädchens, das sich zu bewahren weiß, auch in unseren Tagen noch nicht ausgestorben zu sein scheint. Und mich berühren in dieser Geschichte immer noch die flüchtigen und scharfen Beobachtungen, auch die Präzision der Darstellung, die ein hohes artistisches Niveau verrät. Der Vater Barbaras, der grobe Griesler, wird zumindest so lebendig wie ein Fernlastfahrer in einer Geschichte, sagen wir von John Steinbeck, nur daß bei Grillparzer die Menschengestalt von innen gesehen ist, auch wenn nur äußere Reaktionen beschrieben werden. Als der Griesler erfährt, der Verehrer seiner Tochter sei der Sohn des Hofrats, wird die Veränderung in seinem Gesicht so beschrieben: »Der zum Schmähen geöffnete Mund blieb offen stehen, die Augen drohten noch immer, aber um den unteren Teil des Gesichtes fing an eine Art Lächeln zu spielen, das sich immer mehr Platz machte.« Nun umschwänzelt er den Jakob (so heißt der arme Spielmann), während das Mädchen sich widerwillig bewegt und der Griesler ihr ein drohendes: »Nu wart, Duckmauser« hinwirft. Das Mädchen bleibt gleichgültig, lächelt spöttisch und streicht ihre losgegangenen Haare zurück.

So zutreffend genau hat um 1850 nur Grillparzer die Menschen beschrieben, die man gemeinhin ›einfache Leute‹ nennt, obwohl sie nicht einfach sind. Auch in Barbaras Reaktionen wird dies deutlich, denn die liebt den Jakob, spürt aber seine Lebensuntüchtigkeit und daß er hilflos den hinterhältigen Machenschaften seiner Umgebung ausgeliefert ist. Dieser Zwiespalt und daß sie weiß: mit dem kannst du kein ganzes Leben hinbringen, all dies wird nur indirekt mitgeteilt, und dies mutet modern an, wie die zwei miteinander verschmolzenen Ich-Erzählungen, aus denen die Geschichte aufgebaut ist. Mir ist diese Darstellungsweise vertraut, und ich habe sie an Grillparzers Novelle vor 49 Jahren zum erstenmal bewußt kennengelernt. Raabe hat diese Form weiterentwickelt, wie in Österreich später Arthur Schnitzler, der den inneren Monolog in der deutschsprachigen Literatur zum erstenmal verwendet.

Ja, die ›einfachen Leute‹ ... Lebenskräftig sind sie und schlau, während der Sohn des Hofrats immer nur zaghaft ist und sich nichts traut. Der richtet sich an der resoluten Barbara auf, deren Vater wissen will, wie hoch Jakobs Erbschaft ist und dessen Devotion dem Mädchen wider den Strich geht. Aus ihrer Art, sich zu verhalten, wird dies deutlich, aber nie durch einen direkten Hinweis. Der Vater liebedienert jetzt um Jakob herum, wischt im Gemischtwarenladen Staub vom Stuhl, damit der als Schwiegersohn Begehrte Platz nehmen kann, während er ihn noch kurz vorher wegscheuchte. Das Mädchen aber wikkelt stumm ihre Papiertüten weiter. Und später, als er in der Nacht am Haus des Grieslers vorbeigeht, hört er hinter sich eine Stimme sagen: »Trauen Sie nicht gleich jedermann; man meint es nicht gut mit Ihnen.« Dann klirrt ein Fenster im Erdgeschoß.

Durch die indirekte Darstellungsweise vertieft sich die schlichte Geschichte zu einem Lebensmuster, das immer gilt. Der gutgläubige, aber hochempfindliche und überfeinerte Sohn aus reichem Hause ist hilflos den Machenschaften der Gewieften und Gerissenen ausgeliefert. Barbara, die ihre Liebe verbirgt, weil sie nicht als eine erscheinen will, die sich jetzt nur des Geldes wegen an ihn heranmacht, behandelt ihn mürrisch, ist abweisend und bedenkt ihn, als er sich im Laden ihr nähern will, mit einer gewaltigen Ohrfeige. Sofort bereut sie, was sie getan hat, küßt ihn und verschwindet hinter der Tür, durch deren Glas ihr Jakob, die Backe noch von der Ohrfeige brennend, den Kuß zurückgeben will, als der Griesler hereinkommt und sagt: »Komm nur heraus, Bärbe, und mach keine Dummheiten! Einen Kuß in Ehren kann niemand verwehren.«

Ja, so sind sie beschaffen, die Lebenskräftigen, wünschen sich das Feine, verwerfen es aber zugleich als Zeichen von Schwäche und Haltlosigkeit. Und Grillparzer konnte sie darstellen, die Herzhaften und Handfesten, weil er selbst zu den Feinen gehörte. Aber es gibt keinen Weg zueinander, man ist zu verschiedenartig, und letzthin geht Barbara und nimmt ihren Metzger zum Mann. »Ich muß nun hinaus unter die groben Leute, wogegen ich mich so lange gesträubt habe«, läßt sie Jakob wissen, der immer tiefer nach unten gleitet, aber froh ist, daß Barbara ihn, den »Herd- und Heimatlosen«, wie er von sich selber sagt, nicht zum Mann genommen hat, »um Kummer und Elend« zu tragen, sondern einen handfesten Metzger. »Und ich segnete ihre Wege«, fügt er hinzu.

Danach verdient er sich mit seinem kratzenden, mühsam verqueren Geigenspiel kümmerlich sein Geld als Hof- und Straßenmusikant. Er, der abgesunkene Großbürger, wie man heute sagen würde, da es die meisten befremdet, wenn einer wie dieser Spielmann sein Glück im kümmerlichen Leben findet, denn er hat nur seine Geige. Barbara trifft er nach vielen Jahren wieder als dick gewordene Mutter von zwei Kindern. Er kommt zu ihr ins Haus, bemüht sich, dem ältesten Knaben das Geigenspiel beizubringen. Von Barbara und ihrem Lied heißt es: »Sie kümmert sich nicht mehr um Musik; aber es klingt noch immer so hübsch wie damals.«

Ein verklärender Abschluß der Geschichte? Nun, die Resignation klingt mit, es ist Nachsommerlicht in dem Satz zu spüren: »aber es klingt noch immer so hübsch wie damals.« Und, was die ganze Geschichte anlangt, so wird sie von dieser Empfindung durchleuchtet. Mir kommt dies wichtig vor als Gegengewicht gegen die Roheit. Und es folgt sogar ein lebenskräftiger Schluß; denn Jakob, der Zögernde und Hilflose, rettet bei einer Überschwemmung Barbaras Kinder; »rettete und schleppte und trug und brachte in Sicherheit, daß ihm der Atem ausging wie ein Schmiedegebläs«, wie Barbara erzählt. Schließlich greift er zum Beil, geht, bis zur Brust im Wasser, zum Haus zurück, erbricht einen Schrank und bringt dem Fleischer seine vergessenen Steuerbücher und sein Geld. Dabei erkältet er sich, phantasiert im Bett und richtet sich schließlich auf, »wendete Kopf und Ohr seitwärts, als ob er in der Entfernung etwas gar Schönes hörte, lächelte, sank zurück und war tot«.

Eine schlichte und rührende Geschichte, nicht wahr? Ich sollte mich als ein heutiger Autor wahrscheinlich schämen, weil mir so etwas gefällt, erlaube mir aber trotzdem, für sie einzutreten. Sie hat meine Sympathie wie der, der sie geschrieben hat. Ich glaube ihn zu kennen, als ob ich ihm begegnet wäre, und wenn ich in seinen Tagebüchern lese, muten mich seine Bekenntnisse vertraut an. Dabei empfinde ich zuweilen so etwas wie Genugtuung, weil ich's ihm gönne, daß er erst nachmittags in sein Büro zu gehen brauchte und notierte: »Zwei Stunden im Bureau« oder »Um zwölf Uhr ins Bureau. Keine Arbeit vorgefunden.« Besonders aber hat's mir sein Eingeständnis angetan: »Dieses Herumstören in alten Akten, dieser geschäftige Müßiggang des Beamtenlebens hat mir im Gegenteil in meiner gegenwärtigen Stimmung etwas Erquickliches.« Woraus geschlossen werden darf, allzuviel sei damals nicht von ihm verlangt worden, und der Schlendrian des Beamtendaseins habe seiner Natur entsprochen. Wenn man bedenkt, daß er 38, beziehungsweise 41 Jahre alt war, als er dies niederschrieb, so dürfte es nicht abwegig sein, zu behaupten, es habe schon einiges für sich gehabt, Beamter der kaiserlichen und königlichen Monarchie gewesen zu sein.

Seelische Schwierigkeiten freilich blieben ihm nicht erspart, und die Geschichte vom armen Spielmann deutet einige an.

So stellt er einen unentschlossenen Mann einer lebenskräftigen Frau gegenüber. Jakob ist einsam und steht außerhalb seiner Familie. Von allen, auch von den Bedienten seines herrischen Vaters, wird er verachtet. Barbara aber gehört zu den einfachen Ständen und fügt sich den Verhältnissen ihrer Herkunft ein, während er ohne Beziehung zu seiner Gesellschaftsschicht dasteht. Der Griesler sagt von seiner Tochter: »Singt eine gute Stimme, hat auch sonst ihre Qualitäten, aber das Feine, lieber Gott, wo soll's herkommen?« und läßt damit erkennen, daß er über die Grenzen und Mängel, die seine Herkunft mit sich bringen, Bescheid weiß. Und vielleicht wird durch dieses Wort auch angedeutet, wie mühsam es ist, die Schranken zu überwinden, die zwischen den verschiedenartigen Gesellschafts-Verhältnissen aufgerichtet sind; denn der arme Spielmann ist ein abgesunkener Großbürger, der verlassen dasteht, während Barbara in ihrer Gesellschaftsschicht der »groben Leute«, wie sie sich ausdrückt, beheimatet bleibt. Sie fügt sich ein, oder, anders ausgedrückt: sie resigniert. Der Verzicht fällt ihr zwar schwer, aber die Verhältnisse zwingen sie dazu. Doch oben und unten können nicht zusammenkommen, auch wenn sie sich verbunden fühlen.

Was die Resignation betrifft, so hat Grillparzer in seinem Gedicht *Entsagung* eine Erklärung auch seiner persönlichen Liebes-Mühsale gegeben. Darin heißt es: »All, was du hältst, davon bist du gehalten, / Und wo du herrschest, bist du auch der Knecht. / Es sieht Genuß sich von Bedarf gespalten, / Und eine Pflicht knüpft sich an jedes Recht. / – – – Nur was du abweist, kann dir wiederkommen, / Was du verschmäht, naht ewig schmeichelnd sich; / Und in den Abschied, vom Besitz genommen, / Erhältst du dir das einzig Deine: dich!«

Diese Verse beziehen sich auf Grillparzers Beziehung zu Kathi Fröhlich und alle anderen Frauen, denen er begegnet ist. 1827, also in seinem 36. Lebensjahr, notiert er: »Von dem Augenblicke an, als der teilnehmende Gegenstand nicht mehr haarscharf in die Umrisse passen wollte, die ich bei der ersten Annäherung – voraussetzend – gezogen hatte, warf ihn auch mein Gefühl als ein Fremdartiges so unwiderruflich aus, daß meine Bemühungen, mich nur in einiger Stellung zu erhalten, verlorene Mühe waren. Aber ich habe nie eine Neigung betrogen, die ich hervorgerufen hätte. Vielmehr näherte ich mich nie einem Weibe, das nicht vorher sich mir genähert. Damit kann ich mich trösten; und damit, daß ich nie durch fremden Schmerz mein eigenes Wohlbefinden zu erkaufen gesucht habe und auch nichts erkauft habe, als eigenen, nur veränderten Schmerz.«

So hat er in seinen Tagebüchern sich selbst durchleuchtet und ein Röntgenbild seiner Natur dargestellt. Über einen eiteln Offizier notiert er: »Daß er eitel ist; wer steht mir dafür, daß ich es nicht auch bin? Diese meine ausschließende Vorliebe für Einfachheit und anspruchslose Herzensgüte kann ebensowohl ein Wunsch zu gelten sein, verbunden mit Unfähigkeit, sich geltend zu machen.«

Er macht sich nicht besser, als er ist. Mut, sich durchzusetzen, hat er nicht und ärgert sich deshalb, weil er bemüht ist, es allen recht zu machen und sich ja im Äußerlichen nicht zu sehr von den andern zu unterscheiden. »So werde ich endlich wie die anderen, und die Gewohnheit macht gewöhnlich«, schreibt er. »Ich führe daher ein eigentliches Philisterleben, das Bureau wird höchst regelmäßig besucht, die vorkommenden geistlosen Geschäfte ebenso geistlos aber aufs pünktlichste besorgt. Bei den unvermeidlichen Zusammentreffen mit anderen ergreift mich die ungeheuerste Langeweile. Statt ihr aber nachzugehen und mit meinen Gedanken die Gesellschaft zu verlassen, suche ich aus unzeitiger Schonung der anderen dem Zustande die beste Seite abzugewinnen, und da werde ich gewöhnlich spaßhaft, was mich selbst freilich am wenigsten amüsiert, aber die anderen des drückenden Gefühles zu ennuyieren überhebt. Diese Spaßmacherei, diese erkünstelte Lustigkeit kann aber endlich habituell werden, und da hebt sie zuletzt allen Ernst, alles Vermögen, bei einem Gedanken zu verweilen, auf.«

Daß er sich selbst schonungslos durchschaut, das ist es, was mir Eindruck macht. Auch der Außenwelt blieb er nichts schuldig, beispielsweise, wenn er seinem Unmut über alles Militärische so Luft macht: »Ei Pfui Teufel, Militari, / Blaue Hosen, Tschariwari, / Und der Adel, Sauerei« oder wenn er seine erste Audienz beim Kaiser beschreibt.

Er wurde zu ihm befohlen, weil sein Gedicht *Auf die Genesung des Kronprinzen* das allerhöchste Mißfallen erregt hatte und viele Abschriften davon in Wien von Hand zu Hand gingen.

Er findet sich schon vor sieben Uhr im Schloß ein. Der diensttuende Kammerherr macht sich den Spaß, Grillparzer bis dreiviertel ein Uhr warten zu lassen. Der Kammerherr, der Türhüter und der wachhabende deutsche Gardist sprechen über ihn und hoffen, der Kaiser werde ihn hart empfangen. Als er schon an der Tür steht, sagt der Gardist: »Da kommt ja der Profoß! Wahrscheinlich hat er eine Ahnung, daß man ihn hier braucht.« Und Grillparzer fügt hinzu: »Ich begnügte mich, den Tröpfen ein verächtliches Gesicht zu machen und kehrte ihnen den Rücken. Offenbar dachten sie den Kaiser sehr erzürnt auf mich wegen jenes Gedichtes auf die Genesung des Kronprinzen. Dies kam übrigens nicht so. Ich trat ein, nannte meinen Namen und trug mein Gesuch um die Nachfolge und die Gehaltszulage meines Vorgängers im Archive vor ... Der Kaiser hörte mich außerordentlich wohlwollend an. ›Sie sind der nämliche‹, frug er, ›der Autor ist?‹ Ich bejahte und sprach weiter von meinem Geschäfte. Er schien die Billigkeit meiner Forderung anzuerkennen. ›Haben Sie etwas Schriftliches bei sich?‹ war seine weitere Frage. Ich hatte kein Gesuch. Er sprach von der Wichtigkeit des Archivs, lobte meinen Vorgänger, forderte mich auf, fleißig zu sein und ›meine Untergebenen zusammenzuhalten‹ und entließ mich mit einer leichten Kopfneigung. Das Ganze mochte etwa fünf Minuten gedauert haben.«

Über den Kaiser schreibt Grillparzer: »Sein Ausdruck war vollkommen gutmütig. Man spricht sich leicht, ohne übrigens angezogen zu werden. Seine Güte beruhigt, aber rührt nicht. Es ist eigentlich zu wenig Ehrfurchtgebietendes in seinem Äußeren ...« eine entlarvende Charakteristik, wenn man's genau nimmt. Und mit Inkonsequenz gespickt, weil er ein paar Zeilen später schreibt: »Die Unterredung mit ihm hat einen wohltuenden Eindruck hinterlassen. Er war eigentlich gutmütig, und ich liebe ihn dafür.« Trotzdem sieht er den Kaiser distanziert und kann sich nicht verkneifen, hinzuzufügen: »Der Kaiser ist ganz mager und scheint kleiner als er ist. Das Alter hat ihn nicht gekrümmt, sondern verkürzt, mumifiziert würde ich sagen, wenn das nicht einem spottenden Ausdruck ähnlich sähe, dergleichen ich von ihm nicht gebrauchen möchte«, eine Bemerkung, die nicht möglich wäre, wenn Grillparzer sich nicht selbst kontrollierte und beim Schreiben seinen Emotionen freie Hand ließe. Im Gegenteil, er beobachtet sich beständig und läßt sich, zumindest beim Schreiben, kein unbedachtes Wort durchgehen.

Aber das ist charakteristisch für jeden Empfindlichen, Sensiblen oder Depressiven, falls man so sagen darf. Mit sich selbst war er jedenfalls nicht im Einklang und redete, wie Marie von Ebner-Eschenbach bezeugt, immer negativ über sich selbst. – »Damit die andern es nicht sagen«, fügte er hinzu und beweist damit wiederum, wie schonungslos er über sich Bescheid wußte.

Sein Bedürfnis nach Einsamkeit ließ ihn immer wieder darum besorgt sein, sich einen Durch- und Ausschlupf offenzuhalten, damit er ja nicht allzu innig umarmt würde, wahrscheinlich weil er seiner Mutter nicht untreu werden wollte; denn es leuchtet ein, wenn Hans Politzer darauf hinweist, daß Grillparzer »nur mit seiner Mutter wahrhaft allein und doch zu zweien sein konnte«, und fügt hinzu: »So hoch hielt er ihr Andenken, daß es ihm unmöglich wurde, in einem seiner Dramen die Mutter eines Mannes auftreten zu lassen.«

Als Achtundzwanzigjähriger (1819) schreibt er über ein Mädchen: »Wie sie trotzig war den ganzen Abend und höhnisch fast und unhöflich, beim Fortgehen aber das Licht auf den Boden setzte und sprach: ›Ich muß dich küssen‹ und mich nun umfing und an sich drückte mit all der verzehrenden Gluth der Leidenschaft und des Verlangens.« Dann fügt er hinzu: »Studiere diesen Charakter genau. Dem Dichter kommt nicht leicht ein interessanterer vor.«

In seinen Aufzeichnungen berichtet er von mehreren Geschehnissen, die seine neurotische Veranlagung bezeugen. Beispielsweise klagt er sich in den Tagebüchern immer wieder der Härte und Unempfindlichkeit an und erklärt in einem Brief diese seelische Abstumpfung auf das Genaueste. – »Wie ein anderer sorgfältig seinen Körper verhüllt, so hat mich immer ein Widerwillen angewandelt, meine Empfindungen nackt zu zeigen ... Sobald in Gesellschaft jemand ein unwahres Gefühl ausspricht oder ein Gefühl übertreibt, belegt sich mein Inneres mit Eis. Da mag ich denn freilich oft hart und unempfindlich scheinen.«

Grillparzer kannte nicht nur sich selbst, sondern auch seine Zeit. Das Wort: »Der Weg der neuern Bildung geht / Von Humanität / Durch Nationalität / Zur Bestialität« ist bekannt, und wenn er zu den Begriffen »radikal« und »konservativ« Folgendes notiert: »Der Unterschied beider Parteigebilde / Ist wert nicht, daß man ein Wort verliere; / Es sind nur eben: die einen wilde, / Die andern dagegen zahme Tiere«, so werden ihm auch heute noch da und dort einige zustimmen.

Hegels Philosophie freilich war ihm fremd, denn er notierte: »Ich mindestens glaube lieber zehn Mirakel als einen Hegel« und widmete dem machtvollen Philosophierer mehrere Epigramme. So zum Beispiel: »Möglich, daß du uns lehrst, prophetisch, das göttliche Denken; / Aber das menschliche, Freund, richtest du wahrlich zu Grund.« Oder: »Was mir an deinem System am besten gefällt? / Es ist so unverständlich wie die Welt.«

Über die Entwicklung der Literatur ließ er sich gewissermaßen prophetisch vernehmen, indem er die Neigung zum Karikaturistischen so formulierte: »Frag ich, was wirksam übrig blieb / Der deutschen Literatur, / So stehen zwei zu oberst an: / Skandal und Karrikatur. / Kein Wunder, wo sich dein Reiz verlor, / O heilige Natur«, eine Einsicht, die er wenig später so niederschrieb: »Was mein Vorsatz ist: der Verstandes- und Meinungspoesie unserer Zeit nicht nachzugeben. Das Bild, die Gestalt, Gefühl und Phantasie festzuhalten; und der Unmittelbarkeit der Anschauung zu gehorchen, die splitterrichtende Kritik mag dazu sagen, was sie will.«

Sogar sein Wort von der »heiligen Natur« erscheint heutzutage nicht mehr allzu schwärmerisch, wenn man des Waldsterbens und der Feigheit derer gedenkt, die nicht den Mut aufbringen, den Lobbyisten der Autoindustrie durch Tempo Hundert Paroli zu bieten. Doch sei dies wiederum lediglich am Rande vermerkt, denn mir steht Grillparzer als einer nahe, der seine Mühsal verhüllte und sich mit Kälte unempfindlich zu machen suchte, weil er das Leben sonst nicht ertragen hätte.

Was aber den armen Spielmann betrifft, so ist der eine durch und durch unmoderne, aber vielleicht postmoderne Figur; denn ihn ficht nichts an, er beklagt sich nicht, weil er in seiner Musik zu Hause ist, obwohl er falsch spielt, gräulich auf der Geige kratzt. Sein Zusammenleben mit zwei Handwerksburschen in einer Dachstube bekümmert ihn nicht, weil er seinen Bezirk auf den Dielenbrettern der Stube mit einem Kreidestrich abgegrenzt hat und sauber hält. Sein Geigenspiel, seine Kunst, die lassen ihn alle kümmerlichen Lebensumstände vergessen, und er fühlt sich über seine Misere erhoben, als käme es ihm darauf an, Karl Marx zu widersprechen, dessen Maxime: »Das Sein bestimmt das Bewußtsein« jedem konsumbewußten und wegwerfbemühten Wohlstandsbürger aus der

Seele gesprochen ist, weil er glaubt, wenn's ihm materiell besser gehe, dann profitiere auch seine Seele davon.

Der Satz aus Grillparzers Novelle: »Ich zitterte nach dem Zusammenhange« erinnert an Schicksalsverbindungen, die den Großen Zusammenhang in der Natur bestimmen. Ich meine damit eine Harmonie, die jeder Arzt wiederherstellen will, wenn er einem vom Schlaganfall heimgesuchten Menschen helfen muß; denn im kranken Leib ist der Große Zusammenhang oder die Harmonie aller Lebenskräfte zerstört, und diese Störung gilt es zu überwinden.

Marc Aurel

An Ideologien, Philosophien und ähnlichem ist die Zeit meines Lebens jedenfalls nicht arm gewesen. Die einander widersprechendsten Heils- und Unheilslehren haben die Zeitungs- und Buchseiten durchsäuert und tun es noch. Alle wollen die Welt verändern, was unmöglich ist, weil sich die Welt von selbst verändert. Auch der Mensch wird nur verändert, aber von wem? Das ist die Frage.

Mir genügt der Glaube, in dem ich aufgewachsen bin. Schließlich hat mein Vater, als ich ein Kind war, jeden Abend einen Abschnitt aus der Bibel vorgelesen. Ist's – als Intellektueller, der ich heute bin – beschämend, dies einzugestehen? Ich meine nicht, weil ich weiß, daß sogar in marxistisch-leninistisch regierten Ländern viele Vorstellungen moralischer und hierarchischer Art weiterleben, die sowohl im Neuen Testament als auch in den Büchern der Stoiker, bis in einzelne Wendungen hinein, nachgewiesen werden können; denn ein Wort wie: »Seid untertan der Obrigkeit, die Gewalt über euch hat«, wird im Westen wie im Osten von vielen und speziell von denen, die Macht ausüben, akzeptiert.

Mir waren alle Ideologien parteipolitischer Art zuwider, und sie sind es noch. Sie erscheinen mir als Attrappen, die den Ausblick aufs Leben versperren. Aber mit Montaigne und Schopenhauer habe ich mich ebenso befreundet wie mit Marc Aurel.

Dieser half mir, durchzukommen. Ich las in seinem Buch, dessen Titel, wörtlich übersetzt, wohl »An sich selbst« heißt, zum erstenmal 1937; denn damals kaufte ich mir die Übersetzung von Capelle, die später durch die von Theile, die mir präziser und nüchterner erscheint, ergänzt wurde.

Hört sich all dies ein bißchen knöchern und pedantisch an? Jedenfalls ist mir der Mann nahegekommen, der außer einem guten Schriftsteller auch noch ein respektabler Kaiser war. Immer wieder reiste er durch sein enormes Imperium und schrieb zwischendurch, beispielsweise in Carnuntum bei Wien, das auf, was ihm wichtig war. Es kann aber auch sein, daß er's diktierte. Viel Zeit hatte er dafür nicht.

Das Wissen seiner Epoche, die Lehren und Meinungen der Philosophen und Rhetoren, waren ihm vertraut. Ich hörte seinen Namen zum erstenmal in der Schule. Unser Lehrer nannte ihn »den mit dem Philosophenbart«, weil damals in Rom nur Philosophen bärtig dahergekommen seien.

Auf Standbildern hat er einen abwesenden, nach innen gewandten Blick. Ein In-sich-Gekehrter also, der früh die Stille des Landguts seines Adoptiv-Vaters Antoninus Pius schätzte. Er wurde hart erzogen, schlief auf dem Boden, in eine rauhe Decke gewickelt, und war in seiner Jugend an Literatur interessiert; schrieb Briefe an seinen Lehrer Fronto, von denen einige erhalten sind, wandte sich aber dann der Philosophie einer späten stoischen Schule zu.

An seinen Aufzeichnungen hat mich die sprachliche Nähe zum Neuen Testament überrascht, die wohl dadurch zu erklären ist, daß mehrere Gedanken stoischer Natur vom Christentum aufgesogen wurden.

Seine *Selbstbetrachtungen* sind griechisch geschrieben und haben zwei Vermerke über ihre Niederschrift. Das zweite Buch ist »im Quadenlande am Gran« geschrieben, also in Ungarn. Der Gran ist heute noch ein 275 Kilometer langer Nebenfluß der Donau. Die Quaden gehören zu den Sueven und kämpften mit den Markomannen gegen die Römer. Das dritte Buch ist in Carnuntum bei Wien geschrieben, wo heute noch das »Heidentor« aus der Ebene ragt. Es soll der Rest eines Veteranendenkmals sein.

Vergebens habe ich in der sogenannten »Kaiservilla«, von der noch umfangreiche Mauerreste erhalten sind, versucht, die Urschrift der *Selbstbetrachtungen* aufzuspüren, fand aber nur einige graue Tonscherben, die ich mit dem Fuß aus dem Boden kratzte; auch Knochen kamen dabei zutage, die ich liegen ließ.

Und nun also Marc Aurels Aphorismen, aus denen sich, so will's mir scheinen, ein Innenbild des Kaisers ergibt.

Das Wort: »Sieh nach innen. Von keiner Sache entgehe dir die eigentümliche Beschaffenheit und der Wert« blieb mir früh im Gedächtnis. Es will besagen: Versuche zu ergründen, was dahinter ist, was sich im Inneren abspielt, also was hinter einem glatten Lächeln oder einem finsteren Mienenspiel sich verbirgt. Es kann ja ganz anders sein, als es sich zeigt. Dabei kam es mir so vor, als habe der Kaiser einen Großen Zusammenhang im Sinn, vielleicht sogar so etwas wie eine allgemeine oder überwirkliche Harmonie. Und, in der Tat, im fünften Buch der *Selbstbetrachtungen* steht der Satz: »Überhaupt gibt es eine Harmonie«, ein Wort, das in unseren Tagen wahrscheinlich altmodisch erscheint, denn modern ist – die Unordnung. Oder hat sich dies in der letzten Zeit geändert? Schließlich lassen gewisse Anzeichen, zu denen auch die Lustseuche Aids gehört, eine Bewußtseinsänderung vermuten.

Es sind Selbstgespräche, die er aufgeschrieben hat. Nach außen wendet er sich nicht, und es liegt ihm nichts daran, mit seinen Monologen eine Sinnesänderung des Lesers zu bewirken. Er besänftigt seine Zweifel und versucht sich durch Schreiben der Umklammerung seiner Depression zu entwinden; denn vom Leben hält er nicht viel.

Immer wieder wird gefragt, was in soviel Schmutz der Bemühung wert sei. Und die Antwort: »Taten der Menschenliebe«, fällt plakativ aus oder wie auswendig gelernt; als fühle er sich verpflichtet, sich zu seinem Glauben zu bekennen, zweifle aber, ob es sich lohnt.

»Beste Art, sich zu wehren: sich nicht anzugleichen« notiert er, und es klingt, als behielte er sich seine (ungesagte) Meinung vor. Nach außen so tun, als wäre man mit den anderen einig, während man zu sich selber sagt: »Faß es nicht so auf, wie der, der dich beschimpft, es beurteilt, sondern sieh es an, wie es in Wahrheit ist.«

Dies alles sind Überlegungen, die nur in heillosen Zeiten angestellt werden, wo es mühsam ist, überhaupt noch *etwas* zu glauben. Und der, der sie anstellt, kehrt »wie der Augenkranke zum Schwämmchen« zur Philosophie zurück; denn für Marc Aurel ist die Philosophie ein Heilmittel und eine Brustwehr, um sich zu schützen, aber keine Gehirnakrobatik.

Ein Verletzbarer, der sich mühsam aufrecht hält, um seinen Dienst zu verrichten, gibt sich in seinen letzten zehn Lebensjahren Rechenschaft über seine Erfahrungen. Er durchschaut sich selbst und weiß, was er von den anderen zu erwarten hat. »Sie verachten einander und tun einander schön; sie wollen einander über sein und machen voreinander Bücklinge«, steht da, und wer's liest, stellt sich den Kaiser vor, wie er unbewegten Gesichts seinen Heerführern gegenübertritt, die ihm schmeicheln. Längst sind Germanen und andere Barbaren ins Heer aufgenommen worden, nachdem es mühsam gelungen war, die Eindringlinge zurückzudrängen. Acht Jahre lang ist der Kaiser nicht mehr nach Rom gekommen, und auf seinen Kriegsfahrten hat er seine Manuskripte und Bücher dabeigehabt; denn nur, indem er immer wieder zu sich sagte: »Ziehe dich in dich selbst zurück«, gelang es ihm, die anderen im Abstand zu sehen.

Er legt in seinen Monologen Ursachen und Gründe seines Verhaltens bloß und schreibt auf die einfachste Weise. Verschleiert wird nichts, es gibt keine sophistischen Wortspiele. Wenn er sich die verschiedenen Arten des »Leitvermögens« klarmacht, also die Möglichkeit, sich selbst zu leiten oder in die Hand zu bekommen, zu prüfen oder zu durchschauen, so wird deutlich, wie er sich beständig abstützen und eines Halts versichern muß, als ginge er auf schmalem Pfad im Gebirge. Ob er alles glaubt, was er sich einredet – ich weiß es nicht. Wahrscheinlich spürt er den brüchigen Boden seiner Überlegungen und ist der Meinung, letzten Endes verlohne es sich nicht, solche anzustellen. Aber er ist verpflichtet dazu, seine Mitmenschen zu verstehen, denn: »Wir sind füreinander da.« So drückt er sich aus. »Wie jede Seele gegen ihren Willen und ohne Einsicht der Wahrheit beraubt ist, so auch der Möglichkeit, mit einem jeden nach Gebühr umzugehen.«

Dies erscheint mir als nihilistisches Wort und als Eingeständnis seiner Einsamkeit.

Was glaubt einer, der zu sich selber sagt: »Auch wenn du dich einiger Fehler enthältst, so hast du doch eine Anlage zu diesen Fehlern, auch wenn du dich aus Feigheit oder Angst um den guten Ruf oder einem ähnlichen üblen Grund von den gleichen Fehlern fernhältst.« Und im nächsten Satz folgt der Hinweis: »Daß du nicht einmal, ob sie fehlen, erfaßt hast; denn vieles geschieht aus einer Nebenabsicht heraus.«

Merkwürdig, daß von solchen zweiflerischen, ja nihilistischen, destruktiven und depressiven Aufzeichnungen eine Kraft ausgeht, als wäre der, der sie verfaßt hat, ein Religionsstifter. Dabei hat er nur die vielen Spiegelungen der stoischen Philosophie in sich hineinleuchten und mit seinen Ganglienzellen verschmelzen lassen, wenn ich so sagen darf; denn es ist, was er schreibt, etwas enorm Seltenes. Er bindet sich nie Masken vor, und Bauchredner der Philosophie ist er auch keiner. Er läßt sich nur selbst in seine Wörter hineinfließen, oder er schmilzt sich in diese Wörter ein.

Wichtig für ihn ist, sich immer von neuem klarzumachen, »daß alles Annahme ist«. Mit »Annahme« ist Einbildung gemeint, und er, der »Feinzüngler«, wie Grillparzer sagen würde, was bei ihm soviel wie Verfeinerter bedeutet, muß sich immer wieder daran erinnern, daß alles, was über die sogenannte »Wirklichkeit« gesagt wird, fragwürdig, unsicher und also »Annahme« ist. Und er meditiert, daß nicht die Taten derer, die »als gewinnsüchtig oder als Schädlinge gegenüber den Mitmenschen verschrieen sind«, uns ärgern; denn diese schädlichen »Taten liegen in ihrem Leitvermögen« oder ihrer Art zu sein. Sie sind also von ihnen selbst aus verständlich. Was uns gegen sie aufbringt, ist nur unsere »Annahme«, also unsere Vorstellung oder unsere Einbildung.

Streng genommen kann eingewendet werden, Marc Aurel entschuldige oder billige damit jedes Verbrechen. Allerdings fügt er hinzu, um eine fremde Handlung (oder Tat) wahrhaftig zu erkennen, »müsse man vieles vorher wissen«.

Eine Binsenwahrheit, nicht wahr? Aber sie schneidet tief ein, um an ein Gedicht von Enzensberger zu erinnern. »Die Wahrheit ist eine Binse.« – »Und was wird mit dir der unverschämteste Mann machen, wenn du gegen ihn gütig bleibst?« fragt er und fügt hinzu: »Du darfst es aber weder ironisch noch scheltend tun, sondern liebevoll und ohne in der Seele verwundet zu sein.«

Auf dieses »und ohne in der Seele verwundet zu sein« kommt es mir als Zeugnis einer seltenen Möglichkeit der

Selbstbeobachtung und Selbsterkenntnis im besonderen an. Ich meine nämlich, daß Marc Aurel vor sich selbst nicht ausweicht. Mir würde ich so etwas nicht zutrauen. Ich wäre verletzt und dächte daran, zurückzuschlagen. Allerdings könnte es auch möglich sein, daß ich zu mir sagte: »Immer so tun, als ob nix wär.« Und wenn ich so dächte, wäre ich hernach froh, den anderen übersehen und überhört zu haben.

Ja, dieser römische Kaiser hat mich bestärkt, übrigens auch in meinem Fatalismus. Der wird mir ja öfter »unter die Nas' gezwängt«, wie Mörikes Tochter Fanny zu sagen pflegte. Manche sind der Meinung, es sei bequem, sich vorzustellen, daß alles, was geschieht, gerecht begegnet (so steht's bei Marc Aurel). Aber wenn du glaubst, du seist deines Glückes Schmied und könntest bestimmen, was dir geschieht, dann kann's sein, daß du es bedauerst, falsch gehandelt zu haben. Das ist jedenfalls schmerzhafter, als wenn du weißt, daß du das Geschehen nicht beeinflussen kannst. Allerdings stimmt's auch, wenn einer entgegnet: Als Fatalist hast du keine Verantwortung. Aber du hast sie deinem »Leitvermögen« gegenüber, das du überwachen mußt, weil es darauf ankommt, etwas zu tun, was den andern nützt.

Mir erscheint's jedenfalls zweckentsprechend oder praktisch, bei einer Krankheit zu denken: »Das hat dir Asklepios verordnet«, wie es im Buch des Kaisers steht, der in allem, was er aufschrieb, sich nur auf die Lebenspraxis beschränkte und keine Spekulationen über etwas anstellte, das vielleicht nach dem Tode existiert. Da hielt er's wie Goethe, der sagte: »Nach drüben ist die Aussicht uns verrannt.«

Mit einem Hinweis des Kaisers, den er an einer anderen Stelle anfügt, kann ich mich allerdings nicht befreunden; denn dort steht: »Daß jeder nur den Augenblick lebt und diesen verliert.«

Ich meine, dies stimme nicht, weil die Erinnerung einen weiten Raum ausbreitet, tief hinein in die Vergangenheit, und alle Erfahrungen sich erst in der Erinnerung bilden. Nur das Gedächtnis macht es möglich, daß jemand Fehler erkennt, und die Bilder, die jedermann von früher mit sich herumträgt, bestimmen sein Verhalten in jedem Augenblick. Die Erinnerung macht die Erfahrungen dauerhaft.

Die Seele ist für Marc Aurel eine Ausdünstung aus Blut, und dies erscheint mir zutreffend. Freilich, es ist eine ernüchternde Behauptung, die auf dem Boden bleibt. Mehrmals hat er sich in diesem Sinn über das Leben geäußert, denn er macht sich nichts vor. Man kann sagen, er sei desillusioniert. Aber wenn er, beispielsweise, über den Hochmut verlauten läßt, er tauge nichts, weil er die Wahrnehmungskraft trübe, so dürfte auch dies zutreffend sein. »Achte darauf, daß du nicht verkaiserst, denn es kommt so etwas vor«, hat er zu sich selber gesagt und sich daran erinnert, wie wichtig es ist, sich bei Delikatessen und ähnlichen Speisen vorzustellen, daß dies die Leiche eines Fisches, eines Vogels oder Schweines ist. Er fügt hinzu: »Und bei den geschlechtlichen Dingen das Reiben an der Scheide und die mit Krampf verbundene Ausscheidung von Schleim.« Das paßt zu dem Rat: »Halt an das Zugwerk der Triebe.«

Jedenfalls ist er der Meinung, es komme darauf, sich all dies klarzumachen, um an die »Gegenstände« heranzukommen und sie zu durchdringen, »damit du siehst, von welcher Art sie eigentlich sind«; denn nur auf diese Weise gelingt es, »die Dinge zu entblößen und ihnen das Mitspracherecht, über das sie stolz sind, zu entziehen«. Er fügt hinzu: »Denn ein gewaltiger Wahrheitsverdreher ist der Hochmut, und gerade, wenn du denkst, dich mit ernsten Dingen abzugeben, dann wirst du am ehesten berückt.«

Er macht sich nichts vor.

Ich denke bei dieser Gelegenheit an Stellen in meinen Büchern, wo Marc Aurel erwähnt wird, und überlege, in welchen Sätzen sein Einfluß nachweisbar ist. Vielleicht sogar in allen, die ich geschrieben habe, obwohl ich beim Schreiben nur dann an ihn denke, wenn ich seinen Namen erwähne. Aber, wie's halt so ist bei alledem, was man gemeinhin »Einfluß« oder »Beeinflussung« nennt: Es kann ja auch sein, daß Wesen und Natur eines jüngeren Autors dem eines älteren ähneln. Und wenn ich mir überlege, welche Grundstimmung mich mit Marc Aurel verbindet, so fällt mir die von der etablierten Kritik dann und wann bemängelte Resignation ein. Und wie's halt so geht im sogenannten literarischen Leben: immer finden nur die zueinander, die sich ähnlich sind. Weshalb behauptet werden kann, jeder Autor schreibe nur für die, deren Meinungen er bestätigt, und also bewirke er nichts. Am feinsten heraus aber ist der, der möglichst viele findet, die seiner Meinung sind und deren Lebensstimmung der seinen ähnelt.

In *Die Augen eines Dieners* liest der Diener Wasik in einem Buch, das im Ersten Weltkrieg ein Offizier bei sich hat. Der Mann – ein Adliger – ist Wasik sympathisch, weil er wenig redet und nicht herrisch ist. Mit ihm fühlt sich Wasik verbunden, während sein Herr, ein gewisser Engelsleben, nichts anderes ist als ein widerlicher Kerl, der immer wieder etwas Neues und Zerstörerisches anzetteln muß. Sein Freund aber, dieser Schweiger, versucht, den Vorwärtsdränger zurückzuhalten. Der sympathische Schweiger gräbt später einen Marc Aurel-Kopf aus Bronze aus einer Wiese aus und schenkt ihn dem Maßlosen zur Hochzeit, wahrscheinlich weil er hofft, er könne den anderen dadurch zur Besinnung bringen, ihn mäßigen. Aber das gelingt nicht, weil die Zerstörung vorherbestimmt ist und ihre Diener vom Schicksal begünstigt werden.

So meldet sich also hier wieder mal mein Fatalismus zu Wort, der mit dem Marc Aurels viel gemeinsam hat. Nun, wer weiß, daß auf Hitler über 200 Attentatsversuche mißglückt sind, wird, falls er so etwas wie Fatalismus in Mißkredit bringen will, zumindest nachdenklich werden. Und es hat schon viel für sich, wenn einer sich dagegen auflehnt, glauben zu müssen, der Mensch könne nichts selbst in die Hand nehmen, sei ausgeliefert dem Zufall. Schön ist's schon, wenn einer Erfolg hat, weil er Gutes will, und nicht bloß, weil's jetzt halt gerade so in den Weltenplan oder in den Großen Zusammenhang hineinpaßt. Allerdings dürfte dann nur das Gute und nicht auch das Schlechte erfolgreich sein.

Marc Aurel jedenfalls glaubte daran, daß es notwendig sei, gemäß der eigenen Veranlagung zu handeln. Mehr hat er von sich nicht verlangt. Er war davon überzeugt, daß alles, was einem begegnet, gerecht begegnet, und hat hinzugefügt: »Wenn du dies sorgfältig beobachtest, wirst du es bestätigt finden.« Oder er schlägt vor, alles, was geschieht, willkommen zu heißen, weil es »der Gesundheit der Welt und der Wohlfahrt diene«. Dies entspricht seinem Lebensüberdruß, der immer wieder hervordrängt und im Hinweis auf Ekelgefühle kulminiert, wenn er den Geruch von Schweiß und Öl im Bade erwähnt oder lakonisch notiert: »Für Gestank halte dies alles und für Blutgerinnsel in einem Sack.« Aber er weiß auch: »Es gibt eine Harmonie.«

Diese Zwiespältigkeit, dieser beständige innere Widerpart, der ihn in seinen Monologen bedrängt, gibt den

Aufzeichnungen ihre Spannung. Einmal schreibt er auf, wie zuwider ihm alles ist, was im Amphitheater oder an ähnlichen Orten sich abspielt und wie die Gleichförmigkeit das Zuschauen verleidet; denn alles sei »auf und ab dasselbe und aus demselben«. Und er fragt: »Wie lange also noch?« Dann wieder bestimmt er, daß es darauf ankomme, »das dir Begegnende zu lieben, weil es dir geschah und verordnet wurde und es zu dir in einem bestimmten Verhältnis stand, rückwärts, aus den ältesten Ursachen geflochten«.

Wird schon stimmen ... denken wir heute und fügen für uns hinzu, Dummkopf sei der jedenfalls keiner gewesen, dieser alte Römer, der zufällig Kaiser war, also außer der Schriftstellerei auch noch einen anständigen Beruf hatte.

In meiner Erzählung *Dame und Scharfrichter* habe ich dem österreichischen Kaiser Franz Joseph eine Bekanntschaft mit seinem römischen Kollegen vermittelt; schließlich ist so etwas auf dem Papier und in der Phantasie jederzeit möglich, während in Wirklichkeit Franz Joseph nie ein Buch gelesen hat. Deshalb fragt er, wie bereits erwähnt, das Buch betreffend, seinen Archivdirektor, der's ihm zur Lektüre empfiehlt: »Ist's dick?« – »Nein, ganz dünn«, beruhigt ihn der andere, und Franz Joseph sagt: »Schicken 'S mir das Büchlein.« Aber dann schaut er halt nur mal hinein und stimmt dem Kollegen von damals zu, wenn er das schon einmal zitierte Wort liest, er solle darauf achten, daß er nicht verkaisere, denn das komme manchmal vor, und er denkt, da habe dieser Marcus aus Rom also Humor ins Buch gemischt.

In meiner Geschichte *Der Tintenfisch in der Garage*, einer Art Zankapfel, wie mein Buch *Spiegelhütte*, tritt Marc Aurel in der Phantasie des Studenten Ludwig auf; denn dort heißt es: »›Die Pflastersteine hier sind älter als fünfhundert Jahre‹, sagte Ludwig und erzählte, wie hier Marc Aurel einem Markomannenführer aus dem Boot geholfen und zu ihm durch einen Dolmetscher gesagt hatte: ›Sehen wir auf Wasser, bevor wir verhandeln.‹ Und sie hatten die Donau angeschaut, der eine in einer härenen Toga und kleiner als der Markomanne; beide aber mit rotbraunen Bärten, und beide ungefähr gleich alt (allerdings war vielleicht Marc Aurels Bart schwarz; denn seine Familie stammte aus Spanien). – ›Und wie es sich vermischt‹, sagte der Markomanne, während er aufs Wasser schaute. – ›Und wohin's kommt, auch wenn es eilt. Wir werden beide gleich weit kommen‹, sagte der Kaiser.«

In der Erzählung mischt sich nun einer, der heute lebt, in das Gespräch und fragt: »Was meinen Sie mit ›gleich weit kommen‹?« – »Zum Grabstein«, wird ihm geantwortet.

Auch dies eine Binsenwahrheit, nur denkt man zum Glück meistens nicht daran, daß es sich so verhält. Wär' ja auch ungemütlich, wenn wir sie nicht vergäßen, während der Kaiser im Buch immer wieder dorthin geführt wird, wo die letzte Türe auf uns alle wartet. »Entweder Zerstreuung, falls Atome. Falls Einheit, entweder Verlöschen oder Übergang«, notiert er und gibt zu bedenken: »Was fertig ist, bestimmt jener, der einmal für die Mischung, jetzt für die Auflösung verantwortlich ist. Du bist für beides nicht verantwortlich. Geh also heiter weg, denn auch der, der dich entläßt, ist heiter.«

Das sind die letzten Sätze der *Selbstbetrachtungen*, und ich meine, dies sei ein guter Schluß.

Auch über den Nachruhm hat er sich geäußert und gestattet sich 80 Seiten vor diesem Schlußwort folgende schillernde Überlegung:

»Wie seltsam ist, was sie tun. Die Menschen, die zur

selben Zeit und mit ihnen zusammenleben, wollen sie nicht preisen, aber selber von den Nachgeborenen gepriesen zu werden, dies schätzen sie hoch. Das ist gerade so, wie wenn du dich betrüben würdest, daß nicht auch die Vorfahren über dich preisende Worte machten.«

Arno Schmidt

In Marc Aurels Buch *Wege zu sich selbst* sind Sätze und Wörter zu finden, die wie hingeworfene Stichwörter wirken und sich nur mühsam in den Zusammenhang einfügen. Es bleiben ein paar Löcher offen, und dieser Löcher wegen mag ich sie.

Die Bemerkung: »Weder Schauspieler noch Dirne« dürfte leicht zu entschlüsseln sein, weil ich meine, der Kaiser empfehle, sich ins Leben weder als Vorspiegler oder Scharlatan noch als einer einzuschleichen, der jedermann gefällig sein will. Was aber bedeutet: »Es raucht, und ich gehe weg. Was hältst du es für etwas Wichtiges?« Freilich, zuvor wird über den Tod nachgedacht, und deshalb kann es sein, mit dem Rauch sei der Rauch der Leichenverbrennung gemeint.

Wie aber verhält es sich mit diesen Sätzen: »Immer sei klar: so etwas ist das Land, und wie alles gleich hier ist wie auf hohem Gebirge oder am Strand oder wo du willst. Geradezu nämlich wirst du, was bei Plato steht, finden: eine Hürde im Gebirge, sagt er, herumlegend und Schafe melken.«

Nun, man kann den Experten folgen und sagen, der Text sei verdorben und der Gedanke Marc Aurels sei, daß Besitz und Herrschgier überall dasselbe sind. Aber, was bedeutet dann: »eine Hürde im Gebirge herumlegend und Schafe melken«?

Ich sage zu mir: Er rät dir, dich als Hirt ins Gebirge zurückzuziehen und Schafe zu melken. Gar nicht schlecht, und zu Arno Schmidt passend, sowohl was den Duktus als auch was die Einstellung der Umwelt gegenüber betrifft.

Meine Sympathie für Arno Schmidts Bücher wurde in den fünfziger Jahren von meiner Frau derart schonungslos mißbilligt, daß unser Meinungszwiespalt ums Haar einen Scheidungsprozeß nach sich gezogen hätte, doch umschifften wir diese Eheklippe. Jedenfalls dürfte Arno Schmidt kein Autor sein, den Frauen schätzen. Ich meine allerdings, sie kämen bei ihm nicht schlecht weg, weil er sie als praktische und handfeste Kumpel auftreten läßt, denen die ruppige Gesinnung ihres Partners nichts anhaben kann und die ihn zu scharfen Witzen ermuntern.

Dies gefiel mir in seinen Büchern ebenso wie seine Rücksichtslosigkeit gegenüber eingefleischten Borniertheiten. Daß er keine Autorität gelten ließ, das bestärkte mich zumindest in meiner lautlosen Reserviertheit vor jeglicher Art Kumpanei. Freilich, mir wurde es leicht gemacht, diese Haltung einzunehmen, weil ich – jedenfalls im Gegensatz zu Arno Schmidt – von keinem Rundfunk-Machthaber gefördert, begünstigt oder gar hofiert wurde.

Ich hatte damals das Gefühl, es handle sich bei diesem Kollegen um einen empfindsamen Zeitgenossen, der sich einen Panzer umgeschnallt hat und sich die Grobiane rings vom Leib halten will. Einer, der wußte, daß er nichts zu erwarten hatte, wenn er den andern ungeschützt gegenübertrat, dachte ich und nahm Arno Schmidt als einen Empfindungsverwandten, der sich ruppig und eckig benahm, während ich mich hindurchzuwinden versuchte, als ein Konzilianter, von dem jeder denkt: dem kann man sagen, was man will, der nimmt alles hin. Deshalb ist's keine Kunst, mit mir auszukommen.

Mit Arno Schmidt schon, denn der sagt, was er vom andern denkt. Und ich freute mich, wenn er die Sturheit von Kommißköpfen trocken charakterisierte, auch wenn sie in Gewändern aus der Zeit Alexanders des Großen auftraten.

Überrascht hat mich seine literarische Bildung und Einbildung. Der schrieb hochmütig, und ich dachte: mutig ist der auch, denn sonst isolierte er sich nicht so eindeutig von der dumpfen Masse, aus der er aufgestiegen sein muß. Ich wußte nicht, aus welchem Milieu er kam, dachte aber, es müsse kleinbürgerlich sein, weil seine Prosa nach Hinterhof zu riechen schien. Dazu dieses enorme kulturgeschichtliche Wissen, das ihn davor bewahrte, sich vor Experten bloßzustellen.

Ich dachte, es mache ihm Spaß, die Menschen zu verblüffen. Im zeitgenössischen Jargon mischten sich sexuelle Anspielungen mit blasphemischen Bissigkeiten, und jedem Feinbürger im Sinne Thomas Manns müßte er ein Greuel sein, obwohl ich da gewisse Zweifel hege; denn auch mir gefällt dieses ungehobelte Bildungsgepolter, obwohl ich Thomas Manns Bücher immer noch gerne lese.

Ein merkwürdiger Bursche, dieser Arno Schmidt. Und ob er tatsächlich mit seiner Frau auf einem Tandem fährt?

Jedenfalls war er auch ein Spaßmacher und kurioser Kopf, der es darauf anlegte, vielen auf die Nerven zu gehen. Ein Volksbibliothekar zum Beispiel pflegte in den fünfziger Jahren, wenn ich Arno Schmidts Namen nannte, aufzuschauen, als hätte ich einen Fehltritt getan. Dann schwieg er mich eine Weile an, weshalb ich lieber nicht weiter in ihn drang. Aber ich könnte mir denken, daß denen, die Arno Schmidt nicht leiden mögen, seine Darstellung des Banalen zuwider ist. Auf spaßhafte Weise veredelt er dieses Banale in expressionistischer Manier und bläst es zu komischer Bedeutsamkeit auf, beispielsweise, wenn er in *Aus dem Leben eines Fauns* den »kahle(n) Mongolenschädel des Mondes« erwähnt und ein in der Nacht wendender »Wagen mit Selbstantrieb« so beschrieben wird: »Weit vorn stach ein kleines Auto die aufgeschwollenen Augen in die Morgennacht, sah sich langsam zitternd um und wandte mir dann schwerfällig den rotglühenden Affensteiß her: gut, daß es wegfährt!« Oder gar eine Seite später über die Art, wie ein älterer Herr Mädchen anschaut: »Seine Blicke strolchten auf den Schülerinnen herum, der gebogenen Blusenseide; den schenkelgefüllten Röcken.«

So schreibe ich zwar nicht, aber daß Arno Schmidt so schreibt, das freut mich immer noch. Auch meine ich, seine Sprache habe sich gehalten, wie man gemeinhin sagt. Ja, die braucht keine künstlichen Konservierungsmittel, wie sie auf Symposien angewandt zu werden pflegen. Da ist noch alles frisch und ziemlich hautnah, zum Beispiel, wenn einer zu einem Mädchen sagt: »In Ihrer Haut möcht' ich stecken, Fräulein Krämer.«

Das muß einem einfallen. In monologisierendem Stichwortstil werden Personen, Sachen und Umwelt dargestellt, und die Zeitsituation wird in drei nebeneinandergestellten Grußformeln deutlich: »Heil!«; »Wiedersehn!«: Wiedersehn – »Heilittler!«

Dahinter steht vieles: Der »Heil«-Gruß gehört zu denen, die denken: Passe dich an, laß aber merken, daß du dich distanzierst. Der »Wiedersehen«-Sager ist eindeutig ein Aus- oder Abweichler, ja vielleicht sogar ein Gegner, während der »Heilittler«-Mensch ... Nun ja, es konnte auch einer »Heilittler!« grüßen, um sich zu tarnen, und so weiter. Ein Untertan Adolf Hitlers wußte derlei Schattierungen abzuhorchen, wie ein Landarzt durchs Hörrohr die Lungengeräusche seiner Patienten erkannte.

Idiomatische Verkürzungen werden dazu benützt, das Sprachmaterial umzumodeln und zu beleben. So entsteht ein Wortgewebe, das blitzt und schimmert, bärbeißig rauh sich anhört und im nachhinein ineinanderzufließen scheint, daß ich das Gefühl habe, ich hätte eine Geschichte gelesen, die so erzählt wird, wie man dreitausend Jahre lang erzählt hat. Wende ich mich aber wiederum dem Text zu, dann sehe ich, daß die widersprüchlichsten Stilformen benützt werden (Dialogfetzen, Hinweise auf Textstellen gelesener Bücher, Impressionen, Kraftausdrücke und so weiter), und weiß nicht, wie Schmidt dies zusammengezwängt hat, ohne daß es gezwungen erscheint. Allerdings – und dies erlaube ich mir wieder mal anzumerken – ist es möglich, daß einem exquisiten Literaturkenner alles anders erscheint. Aber dies ist ja beim Austausch von Meinungen über »Kulturelles«, oder wie man sich ausdrücken will, in Kauf zu nehmen.

Allgemein wird behauptet, die Handlung, der sogenannte Rote Faden, scheine Arno Schmidt nicht wichtig zu sein. Mir kommt dies anders vor. Denn eine derart kryptische Existenz, wie sie der Abteilungsleiter im Landratsamt führt, der in *Aus dem Leben eines Fauns* auftaucht, bietet Seitenpfade, Verstecke und läßt verblüffende Wendungen erwarten, die sich zwar nie verwirklichen, aber immer wieder als Möglichkeiten lebendig werden. Zumindest empfinde ich es so. Und die überraschenden Hinweise, der Wechsel vielfältiger Assoziationen im Text, der mich jeanpaulisch anmutet, bieten mir ein wacheres Lesedasein an als sogenannte spannende Prosa. Es kommt auch das Textbild hinzu, das durch kursiv gesetzte und aus dem Satzblock herausgerückte Hinweise typographisch belebt wird.

Apropos: spannend. Manche werden lachen, aber für mich ist Arno Schmidt ein Autor spannender Bücher. Sie wecken meine Neugier, und zwar meine Neugier auf mich selbst. Wo finde ich sonst noch diese, vielleicht nur Angehörigen meiner Generation verständlichen Anspielungen auf zum Glück versunkene Wirklichkeitsreste der Kriegs- und Vorkriegszeit? Und wo werden sie so präsentiert, daß ich denke, Arno Schmidt sei das sogenannte »Dritte

Reich« auf dieselbe Weise wie mir zuwider gewesen?

Der erste Teil des »Kurzromans« *Aus dem Leben eines Fauns* spielt im Februar 1939, als der Spanienkrieg zu Ende ging. Und Abteilungsleiter Düring vom Landratsamt kommentiert in Klammern: »(allerdings wieder ein Großtyrann mehr)«. Damit ist Franco gemeint, dessen Macht damals gefestigt wurde.

Wenn Herr Düring eine Führerrede hört, denkt er: »Wie schrecklich unwissend und deshalb leicht zu betrügen ist ›das Volk‹. Anstatt sich an den Genasführten der Jahrtausende zu spiegeln und den betreffenden Marktschreiern die Hintern auszuhauen!«. Er meint wohl: mit dem Beil. Wenn eine Marschkolonne singt, kommentiert er: »›Und – kommt – der – Frühlingindastal‹: das nimmt doch kein Ende (Und Frau und Kinder summten beifällig mit, und klappten gar noch!)«

Düring, einundfünfzig Jahre alt, ist also verheiratet, hat zwei halbwüchsige Kinder, eine Tochter und einen Sohn. Er schläft allein im Erdgeschoßzimmer, ein stillschweigend Hochmütiger aus dem Mittelstand. Einer mit dem Bewußtsein eines snobistischen Aristokraten, obwohl er ein Kleinbürger ist; ein elitär denkender Kleinbürger also. Und gebildet ist er auch noch, weshalb er sich allen anderen überlegen fühlt, diese Überlegenheit aber mit gelassenem Witz sympathisch macht. Er nimmt alles hin (was bleibt ihm auch schon anderes übrig) und schaut sich mit wachen Sinnen um, nachdem seine Frau nichts mehr mit ihm haben will. Ein Millionenschicksal, gewissermaßen.

Die elitäre Menschenverachtung wird demokratisch kaschiert, und das ergibt eine interessante Mischung.

Wie er sich am Samstagabend wäscht und badet und duscht, wie »die große Wölfin«, eine Sechzehnjährige, die immer wieder auftaucht, ans Fenster klopft, während er sich abtrocknet, das wird so dargestellt, daß der Neidhammel in mir erwacht: »›Hallo!‹ Käthe Evers (die Wölfin): sie bohrte mit der Augenzwinker, erkannte mich, besah alles genau, einschließlich Brust und Beine, und lachte laut auf. Tatsächlich: sie lachte knallend und rannte um die Hausecke.« Und er fügt in Klammern hinzu: »(Kosmotheros: heißt das nicht ›Guckindiewelt‹).«

Auf diese Weise besänftigt er sich immer wieder mit seiner Bildung oder wird von ihr besänftigt. Doch was die Autos betrifft, so schlägt er vor: »Kein Fahrzeug dürfte einen Motor haben, der es über 40 Kilometer die Stunde bewegen könnte: dann wär' sofort Ruhe.«

Ziemlich radikal, wie? Und nahezu reaktionär. Man bedenke: das schreibt einer in den fünfziger Jahren, als die Anbetung der Technik Allgemeingut aller sogenannten Gebildeten war und fortschrittstrunkene Intellektuelle einen wie mich nachsichtig belächelten, weil's ihm vor der »Plakatwelt« grauste, die Propagandisten eines mechanistischen Weltbildes scharfsinnig charakterisierten und anpriesen, auf daß man sich ihr unterwerfe. Die sogenannte abstrakte oder, wie sie später genannt wurde, konkrete Poesie und Bildende Kunst spreizte sich in Kunstwerken aus Plexiglas, und die Jünger der Maschinenwelt schufen tote Wortgebilde und führten sich wie Heilsbringer auf, die absoluten Gehorsam, ja Unterwerfung verlangten. Auf daß es dir bis weit hinein grause ... dachte da einer wie ich und wunderte sich, wie kräftig sich eben diese Wort-Techniker für Arno Schmidt ins Zeug legten, der zwar als Poet keine »Tränendrüsenware« (dies ein Wort von Max Bense) produzierte, sondern Menschen in Luft und Licht und mit Empfindungen aufleben ließ, während sich die Verfasser konkreter Poesien in der Regel darauf beschränkten, Worthülsen anzubieten.

Nun, all dies gehört zum zwiespältigen Charakter der zeitgenössischen Literatur, eine Zwiespältigkeit, der auch

Arno Schmidt seine Reverenz erwies, indem er seine im Sinne von Joyce assoziierenden Wort- und Wörterketten immer wieder mit traditionell geordneten Sätzen durchwob, wie sie speziell für den Band *Trommler beim Zaren* charakteristisch sind. Auch darf daran erinnert werden, daß Arno Schmidt während der Niederschrift seiner ersten drei Bücher Geschichten verfaßte, die in Zeitungen erschienen und, verglichen mit den in Buchform publizierten Arbeiten, obwohl ihr Niveau dem seiner Bücher entspricht, überraschend konventionell anmuten. Ob für diese vorübergehende Hinwendung zur Konvention wirtschaftliche Gründe maßgebend waren? Es dürfte anzunehmen sein.

Vielleicht müßte ich hier darüber nachdenken, ob es möglich ist, zwischen sogenannter traditioneller Schreibweise und fortschrittlicher Darstellungsart zu unterscheiden. Vielleicht könnte man darauf hinweisen, daß bei Arno Schmidt einzelne Wörter und Wendungen durch phonetische Schreibweise den Text beleben. Man wundert sich, liest die Stelle laut und kommt meistens dahinter, was gemeint ist. Oder es werden die bereits erwähnten Wortneubildungen beigemischt – zum Beispiel »macadamisiert«, was soviel wie geteert bedeutet, ein Wort, das Alfred Andersch von Arno Schmidt übernahm, während ein Erzähler, der so schreibt, wie dies dreitausend Jahre lang praktiziert wurde, kein neues Wort erfindet und sich bemüht, der Reihe nach zu erzählen. Sowohl auf diese als auch auf jene Weise kann etwas zustandekommen, das aufhorchen läßt, weil heutzutage beide Schreibweisen berechtigt sind. Und ich meine, es sei in unseren Tagen nicht mehr möglich, die Sprache zu erweitern oder gar zu erneuern, wie dies im achtzehnten Jahrhundert Goethe gelang.

Mir erscheint es charakteristisch für unsere Situation zu sein, daß Arno Schmidt zwar als Anreger immer noch bedeutsam ist, aber keine Nachfolger finden kann, die seine Sprache weiterentwickeln und mit ihr in neue Räume eindringen; eher ist eine zerkleinernde und zerstörende Sprachbearbeitung möglich, die sich des Jargons bedient. Weshalb man vielleicht behaupten könnte, Arno Schmidt schließe eine Entwicklung ab, die vom Expressionismus zu Joyce führt. Bei uns steht er allein da und schaut über seine Zeitgenossen hinweg. Und wer sich in seiner Arbeit nach ihm richtet, der muß damit rechnen, von ihm geschluckt zu werden.

Ein Programm aber hat Arno Schmidt nicht aufgestellt. Das haben seine Propagandisten getan. Oder täusche ich mich, wenn ich Arno Schmidt zu denen rechne, die keine gesellschaftspolitisch relevanten Leitsätze anerkannten und sich auch nicht um das kümmerten, was in den fünfziger Jahren »Seinswirklichkeit« genannt wurde? Für mich ist das ein seltsames Wort, unter dem ich mir immer noch nichts vorstellen kann. Aber vielleicht hat es sich aus der Existenzphilosophie entwickelt, für die ich allerdings nicht zuständig bin.

Arno Schmidt jedenfalls ist für lakonische Formulierungen wie: »Rasieren, du freie Burschenlust: das ist das Abscheulichste«, oder für »Orgeln brummelten kuhwarm« zuständig, also fürs Konkrete. Das lob' ich mir, denn diese Betrachtungsweise wird immer aktuell sein. Man dürfte sie wohl eine originelle nennen.

Ansonsten ist, wie es sich allmählich herumgesprochen haben dürfte, Arno Schmidt ein gebildeter Mann, der in litteris so gut wie alles weiß und kennt. Beispielsweise wird in der Erzählung *Kosmas* der Übergang aus der antiken Tradition ins christliche Zeitalter so sichtbar gemacht, als fände dieser Wechsel in unseren Tagen statt. Dies gelingt, weil der Autor sein historisches Wissen im Jargon der Gegenwart mitteilt und Figuren erfindet, deren Reaktionen für Menschen unserer Zeit charakteristisch sind. Feinsinnig geht's dabei nicht zu, dafür aber handfest und hiesig.

Wenigstens gab er sich so. Mir kommt's freilich so vor, als wäre er nur deshalb abseits geblieben, weil er verletzlich war. Er warf grobe Wortbrocken hin und tat, als wäre er ein Berserker, der atheistisch auftrumpfte und in den fünfziger Jahren fast einem Gotteslästerungsprozeß ausgeliefert worden wäre. In Wirklichkeit aber dürfte er sich einer Elite zugehörig gefühlt haben, der damals außer verstorbenen Kollegen nur einer angehörte: Arno Schmidt. Denn mir will es so scheinen, als hätte er sich nicht einmal mit jenem Bollwerk des zeitgenössischen Konkretismus identifizieren mögen, das eine Zeitlang als »Stuttgarter Schule« von sich reden machte. Die Männer, die sich dazu rechneten und von Max Bense als »gute Truppe« bezeichnet wurden (als wäre er ein Zirkusdirektor, der seine Leute zusammenhält), achteten ihn als ihren Guru, wie man heute sagen würde, und übersahen jeden, der nicht wie sie dem Herstellen konkreten Textmaterials verpflichtet war. Nur einmal, bei einer Ausstellung von Bildern Gisela Anderschs, tauchte Arno Schmidt dort auf, las aber nie aus seinen Büchern vor.

Doch weiter im Text des Buches *Aus dem Leben eines Fauns*.

Mir ist dabei die Beschreibung eines Gesprächs des Herrn Landrats mit seinen Untergebenen gegenwärtig, bei dem sich dieser Herr schließlich nur noch dem Erzähler Düring zuwendet.

Hier wird Arno Schmidts indirekte Charakterisierungskunst deutlich. Durch Hinweise, die in Klammern gesetzt sind, werden Hintergründe angedeutet oder die Redeweise des Vorgesetzten kommentiert, der sich gnädig herabläßt. Auch Gedanken und Empfindungen, die sich der Erzähler nicht anmerken lassen darf, tauchen in Klammern auf, und jede Figur wird durch ihre Reaktionsweise so sichtbar gemacht, daß sie rundum zu betrachten ist. So sagt der Landrat zu Düring: »Sie sind n' intelligenter Mensch-?« und dieser fügt in Klammern hinzu: (»So ein freches Schwein; aber ich gab sofort contra: ich lächelte so glücklich – blödsinnig und verneigte mich so läppisch geschmeichelt, daß es ihm auffiel und er todernst wurde; er biß sich langsam die grauen Lippenwürstchen. Pause).«

Düring erhält den Auftrag, im Landratsamt eine Art Archiv für die Geschichte des Landkreises aufzubauen und wird dafür an drei Wochentagen von seinem Abteilungsleiter-Posten dispensiert oder abgeordnet.

In diesem Teil des Buches ist (auf den Seiten 54, bzw. 58 bis 61 der ersten Ausgabe) eine vierdimensionale Kosmogonie eingefügt, deren Umrisse ich nur ungenau erkennen kann. Darin wird die Welt auf die unbekannte Größe N bezogen, von der gesagt wird: »Aller dieser Äonum Haupt, Wurzel und Quelle ist der einzige, unsichtbare, ewige, unerzeugte und unbegreifliche Gott (N!), der wegen dieser Eigenschaften Proarche, Propator und Bython, das ist: das erste Principium, der erste Vater, und die Tiefe heißet«; denn dieser Entwurf ist in der Sprache des 17. Jahrhunderts abgefaßt, ein Text, der sich im Stil von den anderen Abschnitten des Buches deutlich unterscheidet.

»Dieser unerforschlich tiefe Gott hat ein Principium zur Gemahlin, und das heißt Enoëa, der innerliche Gedanke, Sige das Stillschweigen, und Charis die Huld.

Wie diese Gemahlin von Bytho schwanger worden, hat sie ihm Nun, den Verstand, den Eingeborenen, den Vater, und das Principium oder Wurzel aller Dinge geboren.

Mit eben diesem Verstand ist auch Alétheia, die Wahrheit geboren worden. Und diese erste Tetras oder Gefiertes ist die Wurzel und Quelle aller Dinge.

Aus dieser Tetrade ist eine andere Tetras entstanden, nämlich Logos das Wort, Zoe das Leben, Anthropos der Mensch, und Ecclesia die Kirche.

Aus beiden tetradibus ist eine Ogdoas, das ist: ein achtfaches Principium geworden, welches ebenfalls die Wurzel und Quelle aller Dinge ist.«

So entspringt aus allen unsichtbaren Kräften und Mächten, die hinter dem Irdischen zu vermuten sind, nach vielen Zwischenstufen die Materie. Als oberste Kraft wirkt Nun, der Verstand, »der allein eine vollkommene Gemeinschaft mit dem Bytho oder unerforschlichen Gott« hat. Neben ihm oder für ihn, jedenfalls in seinem Sinn, wirkt »Horus die Grenze, das ist die alles in seinem Wesen, Schranken und Natur erhaltende Kraft, welche alles in seinem Cirkul bestimmt und einschließt, daß es nicht von dem Unendlichen verschlungen werde«.

Als Bastard der Sophia wird Enthymesis, die Begierde, geboren, »die im Nichts, ohne Figur und Licht«, vegetieren muß. Ihr aber erbarmt sich »der obere Christus« und drückt ihr etwas von seinem Wesen ein, weicht aber wieder von ihr und hinterläßt sie halb vollkommen, halb unvollkommen.

Aus diesem Zwiespalt entwickelt sich ihr Verlangen nach Licht, vor dem sie Horus, der Gott der Grenze, die alles erhaltende Kraft, zurückhält. Deshalb quälen sie »Betrübnis, Angst, Sorge und Traurigkeit mit widrigen Gedanken. Und daher kommt der Ursprung der Materie, der flüssigen aus ihren Tränen, der lichten aus ihrem Lachen, der dichten oder der körperlichen Elemente aus ihrem Trauern und Entsetzen ...«

Hier wird die vierdimensionale Weltschöpfungsphantasie mit der Bemerkung: »wird zu viel« abgebrochen, und einer wie ich fühlt sich bestätigt, wenn er meint, hinter all diesen (wohl ironischen) Manifestationen von Empfindungen, die als Mächte des Weltgeistes, oder wie man's nennen soll, auftreten, verberge sich ein gläubiges Bewußtsein. Denn, immerhin, zeugt Bython oder die Tiefe mit seiner Gemahlin, die sich aus dem »innerlichen Gedanken«, »dem Stillschweigen« und der »Huld« zusammensetzt, den Verstand, der als das »Principium oder Wurzel aller Dinge« bezeichnet wird. Weil mit diesem Verstand auch die Wahrheit geboren wurde, so will es mir scheinen, als handle es sich bei Arno Schmidt um einen Introvertierten, also nach außen sich abschirmenden Menschen, für den der Verstand oder die Vernunft der Urschlamm aller Dinge sind, wenn ich so sagen darf. Später kommt dann die Sehnsucht nach Licht – also wohl: nach Erkenntnis – hinzu. Horus, die Grenze, aber, diese »alles in seinem Wesen, seinen Schranken und seiner Natur erhaltende Kraft«, von der es heißt, sie bestimme alles, damit es nicht vom Unendlichen verschlungen werde, diese als »Grenze« bezeichnete Macht, dürfte wohl nichts anderes sein als das Maß im Sinn einer gewissen Humanität. Dies überrascht mich beim sprachradikalen Arno Schmidt, und ich meine, er vertrete in dieser Kosmogonie des Entwurfs einer Weltordnung seine Sehnsucht nach Harmonie und Licht, womöglich gar im Sinne Mörikes, der in seinem Gedicht *Inschrift auf eine Uhr mit den drei Horen*, also den Göttinnen der Jahreszeiten, behauptet hat, wer diese Göttinnen ehre, »weil er die Anmut liebet und das heil'ge Maß«, dem werde das Leben leicht.

Merkwürdig, daß sich bei Arno Schmidt so viel von dem findet, was er nach außen scheinbar abwehrte und nicht wahrhaben wollte: die Harmonie; denn ohne »Horus die Grenze« hielte sich die Welt nicht im Gleichgewicht, übrigens wie bei Marc Aurel, bei dem es heißt: »Denn es gibt eine Harmonie.«

Vielleicht kann deshalb angenommen werden, Arno Schmidts Bekenntnis zum »Atheismus« sei eine Eulenspiegelei, die er inszeniert hat, um ungeschoren zu bleiben.

Inhalt

edition suhrkamp. Neue Folge

129 Blick übers Meer. Hg. v. Helmut Martin, Charlotte Dunsing, Wolf Baus
130 Wie die Wahrheit zur Fabel wurde. Nietzsches Umwertung von Kultur und Subjekt. Hg. v. Philipp Rippel
131 Josef Esser, Gewerkschaften in der Krise
132 Die Wiederkehr des Körpers. Hg. v. Dietmar Kamper u. Christoph Wulf
133 Richard Saage, Rückkehr zum starken Staat?
134 Dieter Senghaas, Von Europa lernen
135 Peter Weiss, Notizbücher 1960–1971. Zwei Bände
136 Marin Sorescu, Abendrot Nr. 15
137 Joachim Veil, Die Wiederkehr des Bumerangs
138 Chinua Achebe, Okonkwo oder das Alte stürzt
139 Robert Pinget, Apokryph
140 Julio Cortázar, Letzte Runde
141 Faszination der Gewalt. Politische Strategie und Alltagserfahrung. Red.: Reiner Steinweg
142 Manfred Frank, Der kommende Gott
143 Die neue Friedensbewegung. Red.: Reiner Steinweg
144 Mythos und Moderne. Hg. v. Karl Heinz Bohrer
145 Mongo Beti, Remember Ruben
146 Franz Böni, Alvier
147 Der religiöse Faktor
148 Michael Buselmeier, Radfahrt gegen Ende des Winters
149 Karl Held/Theo Ebel, Krieg und Frieden
150 Jean-Pierre Vernant, Die Entstehung des griechischen Denkens
151 Literatur und Politik in der VR China. Hg. v. Rudolf G. Wagner
152 Hans-Ulrich Wehler, Preußen ist wieder chic ...
153 Der Mensch als Risiko. Hg. v. Manfred M. Wambach
154 Nicolas Bornhorn, Der Film der Wirklichkeit
156 Die armen Frauen. Hg. v. Ilona Kickbusch u. Barbara Riedmüller
157 Zum Funktionswandel der Literatur. Hg. v. Peter Bürger
158 Ulrike Heider, Schülerprotest in der Bundesrepublik Deutschland
159 Eva-Maria Alves, Maanja
160 Franz Koppe, Grundbegriffe der Ästhetik

161 Jürg Laederach, In extremis
162 Eike Hennig, Der normale Extremismus
163 Walther Abish, Quer durch das große Nichts
164 Peter Schwacke, Carte blanche
165 Tove Ditlevsen, Gesichter
166 Medienmacht im Nord-Süd-Konflikt. Red.: Reiner Steinweg
167 Ernst Bloch, Kampf – nicht Krieg. Hg. v. Martin Korol
168 Peter Handke, Phantasien der Wiederholung
169 Volker Braun, Berichte von Hinze und Kunze
170 Edward P. Thompson, Die Entstehung der englischen Arbeiterklasse
171 Roland Barthes, Elemente der Semiologie
172 Franz Xaver Kroetz, Frühe Prosa/Frühe Stücke
173 Werner Koch, Intensivstation
174 Literatur der DDR in den siebziger Jahren. Hg. v. Peter Uwe Hohendahl u. Patricia Herminghouse
175 Lloyd de Mause, Grundlagen der Psychohistorie
176 Josef Esser/Wolfgang Fach/Werner Väth, Krisenregulierung
177 Josef Winkler, Die Verschleppung
178 Uwe Kolbe, Abschiede und andere Liebesgedichte
179 J. M. A. Biesheuvel, Der Schrei aus dem Souterrain
180 Jochen Hörisch, Gott, Geld und Glück – Zur Logik der Liebe
181 Georg Vobruba, Politik mit dem Wohlfahrtsstaat
182 Walter Vogl, Hassler
183 João Ubaldo Ribeiro, Sargento Getúlio
184 Francis F. Piven/Richard C. Cloward, Aufstand der Armen
185 Abschied vom Recht? Hg. v. Rüdiger Voigt
186 Celso Furtado, Brasilien nach dem Wirtschaftswunder
187 Martin Roda Becher, Der rauschende Garten
188 Das Schwinden der Sinne. Hg. v. Dietmar Kamper u. Christoph Wulf
189 Rüdiger Lautmann, Der Zwang zur Tugend
190 Vom Krieg der Erwachsenen gegen die Kinder. Red.: Reiner Steinweg
191 Brecht-Journal. Hg. v. Jan Knopf
192 Feminismus. Inspektion der Herrenkultur. Ein Handbuch. Hg. v. Luise F. Pusch
193 Alexander Kluge, Schlachtbeschreibung
194 Andrea Lee, Russisches Tagebuch

195 Taktische Kernwaffen. Die fragmentierte Abschreckung. Hg. v. Ph. Blanchard, R. Koselleck, L. Streit
196 Rüstung und soziale Sicherheit. Red.: Reiner Steinweg
197 Andreas Buro/Karl Grobe, Vietnam! Vietnam?
198 Franz Böni, Der Johanniterlauf
199 Ngũgĩ wa Thiong'o, Der gekreuzigte Teufel
200 Walter Benjamin, Das Passagen-Werk. Hg. v. Rolf Tiedemann. Zwei Bände
201 Jugend und Kriminalität. Hg. v. Horst Schüler-Springorum
202 Friederike Mayröcker, Magische Blätter
203 Manfred Frank, Was ist Neostrukturalismus?
204 Chie Nakane, Die Struktur der japanischen Gesellschaft
205 Marguerite Duras, Sommer 1980
206 Roland Barthes, Michelet
207 Julius Posener, Geschichte der Architektur im 20. Jahrhundert
208 Grace Paley, Veränderungen in letzter Minute
209 Kindheit in Europa. Hg. v. Heinz Hengst
210 Stanley J. Stein/Barbara H. Stein, Das koloniale Erbe Lateinamerikas
211 Naturplan und Verfallskritik. Zu Begriff und Geschichte der Kultur. Hg. v. Helmut Brackert u. Fritz Wefelmeyer
212 Arbeitslosigkeit in der Arbeitsgesellschaft. Hg. v. Wolfgang Bonß u. Rolf G. Heinze
213 Tzvetan Todorov, Die Eroberung Amerikas
214 Ziviler Ungehorsam im Rechtsstaat. Hg. v. Peter Glotz
215 Peter Weiss, Der neue Prozeß
216 Ein Jahrhundert geht zu Ende. Hg. v. Karl Dedecius
217 Luise F. Pusch, Das Deutsche als Männersprache
218 Alfred Sohn-Rethel, Soziologische Theorie der Erkenntnis
219 Randzonen. Interviews – Kurzgeschichten. Hg. von Judith Ammann
220 Claude Lévi-Strauss / Jean-Pierre Vernant u. a., Mythos ohne Illusion
221 Christiaan L. Hart Nibbrig, Der Aufstand der Sinne im Käfig des Textes
222 V-Leute – Die Falle im Rechtsstaat. Hg. v. Klaus Lüderssen
223 Tilman Moser, Eine fast normale Familie
224 Juan Goytisolo, Dissidenten
225 Alice Schwarzer, Lohn: Liebe. Zum Wert der Frauenarbeit
226 Paul Veyne, Glaubten die Griechen an ihre Mythen?
227 Thank you good night. Hg. v. Bodo Morshäuser

228 »Hauptsache, ich habe meine Arbeit«. Hg. v. Rainer Zoll
229 »Mit uns zieht die neue Zeit«. Hg. v. Thomas Koebner
230 Gregorio Condori Mamani, »Sie wollen nur, daß man ihnen dient ...«
231 Paul Feyerabend, Wissenschaft als Kunst
232 Meret Oppenheim, Husch, husch der schönste Vokal entleert sich. Hg. v. Christiane Meyer-Thoss
233 Politik der Armut. Hg. von Stephan Leibfried u. Florian Tennstedt
234 Die Ökologie des Körpers. Hg. v. R. Erben, P. Franzkowiak, E. Wenzel
235 Die wilde Seele. Hg. von Hans Peter Duerr
236 Ignácio de Loyola Brandão, Kein Land wie dieses
237 Gerold Foidl, Scheinbare Nähe
238 Kriegsursachen. Red. Reiner Steinweg
239 Reform und Resignation. Gespräche über Franz L. Neumann. Hg. v. Rainer Erd
240 Tim Guldimann, Moral und Herrschaft in der Sowjetunion
241 Werner Abelshauser, Wirtschaftsgeschichte der Bundesrepublik Deutschland 1945–1980
242 Dirk Blasius, Geschichte der politischen Kriminalität in Deutschland 1800–1980
243 Kurt Kluxen, Geschichte und Problematik des Parlamentarismus
244 Peter Marschalck, Bevölkerungsgeschichte Deutschlands im 19. und 20. Jahrhundert
245 Wolfgang Wippermann, Europäischer Faschismus im Vergleich 1922–1982
246 Michael Geyer, Deutsche Rüstungspolitik 1860–1980
247 Volker Hentschel, Geschichte der deutschen Sozialpolitik 1880–1980
248 Detlef Lehnert, Sozialdemokratie zwischen Protestbewegung und Regierungspartei 1848–1983
249 Jürgen Reulecke, Geschichte der Urbanisierung in Deutschland
250 Peter Alter, Nationalismus
251 Margret Kraul, Das deutsche Gymnasium 1780–1980
252 Manfred Botzenhart, Reform, Restauration, Krise. Deutschland 1789–1848
253 Jens Flemming, Deutscher Konservatismus 1780–1980
254 Hans-Ulrich Wehler, Grundzüge der amerikanischen Außenpolitik 1750–1900

255 Heide Wunder, Bäuerliche Gesellschaft in Deutschland 1524–1789
256 Albert Wirz, Sklaverei und kapitalistisches Weltsystem
257 Helmut Berding, Antisemitismus in Deutschland 1870–1980
258 Konrad H. Jarausch, Deutsche Studenten 1800–1970
259 Josef Mooser, Arbeiterleben in Deutschland 1900–1970
260 Dietrich Staritz, Geschichte der DDR 1949–1984
261 Gilbert Ziebura, Weltwirtschaft und Weltpolitik 1922/24–1931
262 Ulrich Kluge, Die Deutsche Revolution 1918/1919
263 Horst Dippel, Die Amerikanische Revolution 1763–1787
264 Karl-Egon Lönne, Politischer Katholizismus
265 Volker R. Berghahn, Unternehmer und Politik in der Bundesrepublik
266 Wolfram Siemann, Die Revolution 1848/49 in Deutschland
267 Dietrich Thränhardt, Geschichte der Bundesrepublik 1949–1984
268 Peter Christian Witt, Die deutsche Inflation 1914–1924
269 Horst Möller, Deutsche Aufklärung 1740–1815
270 Gotthard Jasper, Von der Auflösung der Weimarer Republik zum NS-Regime
271 Klaus J. Bade, Europäischer Imperialismus im Vergleich
272 Dieter Grimm, Deutsche Verfassungsgeschichte 1803–1980
273 Hanna Schissler, Geschichte des preußischen Junkertums
274 Jürgen von Kruedener, Deutsche Finanzpolitik 1871–1980
275 Rüdiger vom Bruch, Deutsche Universitäten 1734–1980
276 Reinhard Sieder, Geschichte der Familie
277 Heinz-Günther Reif, Sozialgeschichte des deutschen Adels
278 Michael Mitterauer, Sozialgeschichte der Jugend
279 Hans-Christoph Schröder, Die Englische Revolution 1640–1688
280 Ernst Hinrichs, Die Französische Revolution 1789
281 Bernd Wunder, Geschichte der deutschen Bürokratie
282 Wolfgang Hardtwig, Vereinswesen in Deutschland 1780–1980
283 Hans-Peter Ullmann, Wirtschaftliche und politische Interessenverbände in Deutschland 1870–1980
284 Ute Frevert, Geschichte der deutschen Frauenbewegung
285 Hartmut Kaelble, Europäische Sozialgeschichte 1880–1980
286 Dieter Langewiesche, Deutscher Liberalismus
287 Klaus Schönhoven, Deutsche Gewerkschaften 1860–1980
288 Martin Greschat, Politischer Protestantismus

290 Octavio Paz, Zwiesprache
291 Franz Xaver Kroetz, Furcht und Hoffnung der BRD
292 Wolfgang Hildesheimer, The Jewishness of Mr. Bloom/ Das Jüdische an Mr. Bloom. Engl./Dt.
293 György Konrád, Antipolitik
294 Alexander Kluge, Neue Geschichten
295 Reto Hänny, Ruch
296 Atomkriegsfolgen. Der Bericht des »Office of Technology Assessment«
297 Peter Sloterdijks »Kritik der zynischen Vernunft«
298 Die Selbstbehauptung Europas. Hg. von Willy Brandt
299 Konrad Wünsche, Der Volksschullehrer Ludwig Wittgenstein
300 edition suhrkamp. Ein Lesebuch